ENCORE
DES COMÉDIENS
ET
DU CLERGÉ.

~~~~~~~~~~~~~~~~~~~~~~

Prix : 5 francs.

~~~~~~~~~~~~~~~~~~~~~~

DE L'IMPRIMERIE DE PLASSAN, RUE DE VAUGIRARD, N° 15,
DERRIÈRE L'ODÉON.

ENCORE
DES COMÉDIENS
ET
DU CLERGÉ,

ACCOMPAGNÉ

D'UNE NOTICE SUR LE MINISTÈRE FRANÇAIS EN 1825;

ET DE QUELQUES RÉFLEXIONS POLITIQUES ET RELIGIEUSES, AU SUJET DES JOURNAUX LE CONSTITUTIONNEL ET LE COURRIER, ATTAQUÉS PAR LE RÉQUISITOIRE DE M. LE PROCUREUR-GÉNÉRAL BELLART, CONSEILLER-D'ÉTAT;

Par le Baron D'HÉNIN DE CUVILLERS,

Maréchal-de-Camp, Chevalier de l'ordre royal et militaire de Saint-Louis, Officier de l'ordre royal de la Légion-d'Honneur, Membre résident de la Société royale académique des Sciences de Paris, et de plusieurs autres Sociétés savantes.

―――――∞0∞―――――

PARIS,

J. ANDRIVEAU, libraire, Boulevard des Capucines, n° 3;
PONTHIEU, libraire, Palais-Royal, n° 252;
DELAUNAY, libraire, Palais-Royal, n° 243.

15 NOVEMBRE. — 1825.

PRÉFACE.

Je prie le lecteur, de telle opinion qu'il puisse être, de lire le présent ouvrage en son entier, avant de le juger.

Le Baron d'Hénin de Cuvillers.

TABLE
DES CHAPITRES ET ARTICLES

CONTENUS DANS LE PRÉSENT VOLUME.

PRÉFACE. Page 5

TABLE des Chapitres et Articles contenus dans le présent volume. 7

AVIS au lecteur. 10

DONATION en faveur du public. 11

DISCOURS PRÉLIMINAIRE. 13

CHAPITRE PREMIER. Allégations de *M. de Sénancourt*, dirigées contre l'auteur du livre, intitulé : *Des Comédiens et du Clergé*. 49

CHAPITRE II. Réflexions sur le titre de l'ouvrage, intitulé : *Des Comédiens et du Clergé*. 52

Notice sur le Ministère français en 1825... . Page 87

Chapitre III. De la comédie et des comédiens chez les païens et chez les chrétiens. 101

Chapitre IV. Du Clergé, considéré comme fondateur et protecteur des Comédiens du troisième âge en France, et comme en ayant lui-même exercé la profession. 113

Chapitre V. De la protection spéciale, sanctionnée par le Pape, accordée aux Comédiens du troisième âge, par les autorités, temporelle et spirituelle. . 120

Chapitre VI. Des Comédiens français rétablis à raison de leur profession, dans leurs droits civils et religieux, et entièrement affranchis des anathêmes et des excommunications de l'Église. . . . 130

Chapitre VII. De l'inconséquence et du fanatisme de quelques prêtres ignorans, envers les Comédiens, mis en opposition à l'autorité du Pape, et à la conduite éclairée du haut clergé en France. 134

Chapitre VIII. Actes de fanatisme et avanies exercés par quelques prêtres, contre les Comédiens français. 141

Chapitre IX. Des entreprises de la puissance spirituelle ecclésiastique, contre la puissance temporelle séculière. . . . . Page 159

Chapitre X. De la protection due aux Comédiens par le ministère public, contre les entreprises du fanatisme. 174

Chapitre XI. De l'excommunication considérée comme injuste et par conséquent nulle, de la part des prêtres qui se croient en droit d'anathématiser les Comédiens morts sans les secours spirituels de l'Église. 186

Chapitre XII. Réflexions sur les Évêques et les Prêtres de la primitive Église, et de l'Église moderne, suivies de réponses aux reproches injustes de *M. de Sénancourt*, sur le même sujet. 212

Chapitre XIII *et dernier*. De l'utilité de l'art théâtral, dans l'ordre social, et des dangers attachés à la profession de Comédien, sous le rapport des mœurs. 223

FIN DE LA TABLE DES CHAPITRES.

AVIS AU LECTEUR.

Les personnes qui n'auraient pas le temps de s'exposer à l'ennui de lire en son entier, le présent ouvrage, sont prévenues qu'elles trouveront à la fin des Chapitres, une Table des Matières, qui les dirigera dans le choix des articles qu'elles jugeraient à propos de parcourir.

DONATION

EN FAVEUR DU PUBLIC.

Je donne et lègue au public, l'ouvrage qui suit, intitulé : Encore des Comédiens et du Clergé. Chacun pourra le réimprimer comme bon lui semblera, à ses risques, et en se conformant aux lois et ordonnances.

Tout mon regret, dans cette donation, qui, si je ne me trompe, serait la première de ce genre, c'est d'offrir un écrit de peu de valeur, si on ne le considère que sous les rapports de la diction et de l'exécution.

Quoi qu'il en soit, s'il se présentait un éditeur, je lui offre de plus, mes soins gratuits, pour, de concert avec lui, revoir et corriger ce même ouvrage, s'il le jugeait à propos.

Le Baron D'HÉNIN DE CUVILLERS.

DISCOURS

PRÉLIMINAIRE (1).

Je crois devoir entretenir mes lecteurs, des motifs qui m'ont porté à placer dans le courant du présent écrit, ayant pour titre, (*Encore des Comédiens et du Clergé*), quelques réflexions morales, politiques et religieuses. Mon intention est de me rendre utile à la vraie religion, au roi, à son gouvernement, au peuple, et en particulier s'il est possible, à la cause qui va être agitée contre les deux journaux inculpés par le réquisitoire de M. le procureur-général Bellard.

La condamnation de ces deux journaux, me

---

(1) Le présent Discours préliminaire contient quelques fragmens extraits de l'avant-propos de mon *Exposition critique* du système et de la doctrine mystique des magnétistes, 1 vol. in-8°, de 424 pages. Paris, 1822, chez Barrois aîné, et Delaunay, libraires.

paraît très-probable par la nature même de la loi de tendance qui va les juger. Tous les auteurs également succomberaient, si une pareille loi était dirigée contre eux, ainsi que je l'indiquerai dans le courant de cet écrit. Je puis donc publier encore sans risque mes réflexions à ce sujet, car il n'est pas un ouvrage, en matière de politique et de religion, publié dans le sens de l'opposition, qui ne puisse être attaqué correctionnellement ou criminellement à chaque page ou à chaque ligne.

Du reste mon but est en outre de tâcher de déjouer toutes les espèces d'hypocrisies, de jongleries ou de charlataneries littéraires, politiques et religieuses, sous telles couleurs qu'elles puissent se montrer. Ce n'est qu'en les démasquant qu'on pourra corriger les abus et les vices, qu'on rendra les hommes meilleurs, et qu'on parviendra à enchaîner l'inexorable intolérance politique et religieuse qui aime à s'abreuver de sang humain.

De tout temps, cette double intolérance s'est permis trop souvent, de commettre sans pitié, sans remords et en sûreté de conscience, sous le prétexte des intérêts de la religion et de ceux de l'état, des actes d'immoralité dans tous les genres, des injustices manifestes, des forfaits inouis, des crimes et des atrocités religieuses, inquisitoriales et politiques, qui font frémir l'humanité.

Je ne veux pas parler de cette intolérance en matière de dogmes et de mystères révélés, que chaque religion est bien libre d'admettre : mais je désigne seulement l'intolérance fanatique, qui en abandonnant la morale se croit en droit d'exterminer dans ce bas monde quiconque se refuse à croire des mystères et des dogmes révélés.

Ce fatal principe d'intolérance fanatique et cruelle, que des gouvernemens et des religions démoralisés, ont tant à cœur de maintenir, est faux, inhumain, antisocial, antichrétien, et ne peut exister et se maintenir, que par la violence, la terreur, le despotisme le plus arbitraire, et conduit à la tyrannie la plus odieuse.

Ceux-là qui adoptèrent et prêchèrent un tel principe, abusèrent des religions et s'en servirent comme d'un lévier puissant, qu'ils mettaient en œuvre, avec d'autant plus de facilité, que les hommes ignorans sont portés naturellement vers la superstition. Les prêtres s'en servirent pour augmenter leur influence, leur crédit, leurs richesses et leur autorité sur terre. Ils travestirent la morale pure de l'évangile et ils y substituèrent une morale mondaine, une morale relâchée, qui ne fait consister la religion, que dans de simples pratiques, que dans des croyances symboliques et mystiques, qui dans les fausses religions, sont si fabuleuses et si ridicules. Cette morale factice, basée sur l'impitoyable intolérance religieuse, non-seulement permet les crimes, mais encore elle ordonne de les commettre pour la gloire de Dieu, en les érigeant en vertus.

Tous les faux dévots et cette multitude d'esprits faibles ou irréfléchis, répètent sans cesse, d'après les déclamations des dogmatiseurs fanatiques dont ils se laissent séduire, que toutes les bonnes actions des hommes, que toutes leurs vertus, ne sont rien sans la foi, tandis que *saint Paul*, ce véritable apôtre de la morale chrétienne et évangélique la plus pure, a dit tout le contraire. Écoutons-le, voici comme il s'exprime en parlant de la foi et de la charité :

Si linguis hominum loquar, et angelorum, caritatem autem non habeam, factus sum velut œs sonans aut cymbalum tinniens.

Si habuero prophetiam et noverim mysteria omnia, et omnem scientiam ; ET SI HABUERO OMNEM FIDEM ITA UT MONTES TRANSFERAM, CARITATEM AUTEM NON HABUERO, NIHIL SUM.

Caritas patiens est, benigna est; caritas non æmulatur, non agit perperam, non inflatur.

Non est ambitiosa, non quærit quæ sua sunt, non irritatur, non cogitat malum.

Non gaudet super iniquitate, congaudet autem veritati.

Omnia suffert, omnia credit, omnia sperat, omnia sustinet.

Nunc autem manent, fides, spes, caritas, tria hæc; majorum horum est caritas. (Ep. prim. S. Pauli ad Corinth. Cap. XIII. Versic. 1, 2, 4, 5, 6, 7, 13.)

« Si je parle les langues des hommes et le
» langage des anges, et que je n'aie point la
» charité, je ne suis que comme un airain son-
» nant et une cymbale retentissante.

»Quand j'aurais le don de prophétie, que je
» pénétrerais tous les mystères, que j'aurais
» une parfaite science de toutes choses;

» Quand j'aurais encore TOUTE LA FOI POSSI-
» BLE, JUSQU'A TRANSPORTER LES MONTAGNES; SI JE
» N'AI POINT LA CHARITÉ, JE NE SUIS RIEN.

» La charité est patiente, elle est douce, elle
» est bienfaisante.

» La charité n'est point envieuse; elle n'est
» point téméraire et précipitée; elle ne s'enfle
» point d'orgueil.

» La charité n'est point ambitieuse, ne cher-
» che point ses propres intérêts; elle ne se pi-
» que point; elle ne s'aigrit de rien; elle n'a
» point de mauvais soupçons; elle ne se ré-
» jouit point de l'injustice; mais elle se réjouit
» de la vérité.

» La charité tolère tout; elle croit tout; elle
» espère tout; elle souffre tout.

» Or ces trois vertus, la foi, l'espérance et la
» charité, demeurent; mais la charité est la
» plus excellente des trois. » (*Ép. de S. Paul
aux Corinth.*, chap. XIII.)

La même morale est annoncée par les quatre évangélistes. Tous s'expriment ainsi : « Ne

» faites pas à autrui ce que vous ne voudriez
» pas qui vous fût fait...... Celui qui aime Dieu
» doit aimer aussi son prochain..... Vous aime-
» rez votre prochain comme vous-même..... Ai-
» mez vos ennemis...... Faites du bien à ceux
» qui vous haïssent..... priez pour ceux qui vous
» calomnient..... Traitez les hommes de la mê-
» me manière que vous voudriez qu'ils vous
» traitassent..... »

Ces différens passages se trouvent plus étendus dans *Saint-Marc*, chap. XII; *Saint-Jean*, chap. IV; *Saint-Luc*, chap. VI et XI, etc., etc.

Les saints évangélistes, ainsi que les pieux et vénérables personnages de la primitive église, ne cessèrent tous de prêcher la douceur, la charité, l'humilité, le pardon des injures, et le mépris des richesses.

Telle est, en abrégé, la morale évangélique, dont l'empreinte divine caractérise la véritable morale chrétienne.

Une foule de théologiens ont, au contraire, cherché à détruire cette morale éternelle que Dieu a créée au fond de nos cœurs. Ils ont fait tous leurs efforts pour l'étouffer sous le poids de leurs énormes traités, remplis d'ignorance, d'astuce, de subtilités et de mauvaise foi. Leur fausse dialectique y est perpétuellement en opposition avec le bon sens et la raison. Tous leurs écrits ont une empreinte de mysticité, qui donne à leur style un caractère particulier, auquel on ne peut se méprendre, et qui, rempli de superstition et de fanatisme, ne respire que menace et vengeance.

La morale chrétienne et évangélique est perpétuellement outragée par ces théologiens corrompus. On n'aperçoit dans leurs commentaires qu'une morale de convenance, dictée par l'égoïsme et adaptée aux intérêts d'un parti ambitieux et cruel, une morale enfin de circonstance, qui, au moyen d'une direction d'intention, érige le crime en vertu.

Ce n'est donc qu'en dégageant la vraie religion des épaisses ténèbres de l'ignorance, de la superstition et du fanatisme dont elle est obscurcie, qu'on pourrait la ramener à sa pureté primitive.

La sublime morale chrétienne et évangélique fut trop souvent foulée aux pieds par ceux-là même qui s'annonçaient pour la prêcher, par des prêtres hypocrites et prévaricateur, devenus corrupteurs de la morale religieuse, de la morale politique et de la morale particulière.

Les gouvernemens se sont en effet laissé corrompre par les prêtres, en adoptant l'immoralité politique, appelée aussi machiavélisme, comme un principe nécessaire pour gouverner.

L'autorité s'est abusée cruellement en perdant de vue que les souverains ne parviendront jamais à perfectionner l'art de bien gouverner, si ce n'est en faisant triompher la saine morale, et en instruisant les peuples pour les rendre plus heureux.

Les souverains devenus meilleurs en pratiquant eux-mêmes la morale, auront les yeux ouverts sur leurs véritables intérêts. Ils comprendront que l'alliance du gouvernement avec le sacerdoce est trop dangereuse et toujours a été la source inévitable de tous les maux qui ont troublé et troubleront à jamais la paix intérieure des États.

De tout temps les prêtres, dans leur intérêt, s'efforcèrent toujours de replonger les peuples dans les ténèbres de l'ignorance. Ils ne peuvent oublier que c'est dans les temps de barbarie qu'ils obtinrent le plus d'influence et qu'ils parvinrent le plus rapidement à s'emparer de grands biens, tandis qu'au contraire leur crédit diminue en raison du progrès des lumières et de la civilisation.

Telle est l'origine de l'aversion des fanatiques religieux contre le développement des sciences et le progrès des lumières de la saine philosophie. De là tant de diatribes et de vexations contre la méthode de l'enseignement mutuel, qui est si populaire et qui procure au peuple une instruction si facile et si peu coûteuse. De là ces conseils perfides, donnés aux souverains, de condamner les peuples à l'ignorance, sous prétexte de les rendre plus soumis à l'autorité publique et plus faciles à gouverner.

Vouloir arrêter le développement de la civilisation et les progrès des lumières pour ne fonder le pouvoir des princes que sur l'ignorance et l'abrutissement des peuples, est un conseil perfide, ainsi que je viens de le dire. Il équivaut à une déclaration hostile contre les droits de tous les peuples, et dont les con-

séquences attaquent les droits des souverains.
• Les philosophes déjouèrent de tout temps les maximes détestables, l'ambition et les absurdités des prêtres des païens; ils démasquèrent leurs jongleries, leurs charlataneries, étayées de prétendus miracles, dont les plus imposans n'étaient que des phénomènes de physiologie *phantaziexoussique*, qui, de nos temps, furent très-improprement appelés *du magnétisme animal*. Peut-on méconnaître maintenant l'origine et les motifs de la haine implacable de quelques prêtres contre les philosophes anciens et modernes ?

Les prétendus défenseurs de la Divinité voulant établir leur puissance et leur autorité, se déclarèrent les cruels vengeurs de Dieu. Désespérant de jamais pouvoir subjuguer les philosophes, ils déposèrent toute honte en se déterminant à les accabler par les effets irrésistibles de la loi du plus fort. Ils comprimèrent les ennemis des idées absurdes par l'appareil de la terreur, et ils parvinrent enfin à s'en défaire au moyen de lois inquisitoriales qui leur procurèrent la jouissance d'assouvir leur haine par des exécutions sanguinaires et par des assassinats judiciaires. Leurs vengeances étaient d'autant plus faciles à obtenir, que des juges dévoués, entraînés par l'esprit de parti, dont les opinions sont connues d'avance, séduits d'ailleurs par les faveurs, ou contenus par les menaces, condamnaient souvent à regret la tendance et les mauvaises intentions qu'ils prêtaient aux prévenus. C'est par cette manière injuste de procéder que des juges choisis et investis d'un pouvoir discrétionnaire interprétaient à leur guise des lois d'exception, des lois véritablement inquisitoriales uniquement fondées sur leurs opinions, et faisaient taire les lois équitables dont ils ne devaient être que les interprètes et non les législateurs.

L'inclination générale des hommes pour le merveilleux, ainsi que leur irréflexion et la faiblesse de leur entendement, de tout temps donnèrent aux ministres des cultes religieux, l'espoir, flatteur pour leurs intérêts, de parvenir facilement, à subjuguer le commun des hommes et à effrayer les âmes faibles et les ignorans, en égarant leur raison, par les vaines terreurs de la superstition.

Qui ne connaît les manœuvres des prêtres,

pour priver les hommes des bienfaits de l'instruction ? Ils savent que l'étude des sciences et le progrès des lumières de la philosophie, en éclairant les hommes, tendent évidemment à les désabuser sur les erreurs de tous les genres. Les prêtres sentent donc toute la nécessité de s'emparer de l'enseignement public, pour en modérer le développement à leur gré et pour en proscrire les lumières philosophiques. Ils parviennent par ce moyen, à diminuer le nombre des philosophes inaccessibles aux sots préjugés, et qui refusant de se soumettre au joug honteux de la superstition, seraient plutôt disposés à en dévoiler les absurdités, à en démasquer les jongleries et à déjouer les cruautés du fanatisme sanguinaire.

C'est par de telles raisons que la société des jésuites veut à tout prix se charger d'instruire les hommes, non pour les éclairer, mais pour les tromper, sans les rendre meilleurs, et enfin pour les démoraliser.

En se chargeant exclusivement de l'éducation de la jeunesse, la secte jésuitique a pour principe de refuser la connaissance des sciences à la classe du peuple; mais quant à celle des gens riches, appelés à jouer un rôle dans la société, elle ne consent à lui communiquer les sciences qu'à regret, et s'applique principalement à former des imbéciles, ou des fanatiques qui ressembleront à leurs maîtres. Leurs élèves trop dociles, lorsqu'ils sont bien imbus de faux principes et de doctrines détestables, deviennent également les ennemis déclarés des sciences, et à l'exemple de leurs instituteurs, ils ne veulent pas que les hommes s'éclairent, et condamnent les peuples à l'ignorance : A peine sortis des bancs, ils refusent eux-mêmes, de s'instruire d'une manière plus approfondie; leur âme abâtardie s'accoutume à ne plus faire usage de la raison et à ne plus avoir une conscience qui leur soit propre; ils sont soumis à l'erreur et au mensonge. Ils semblent redouter de connaître la vérité; ils brûlent les livres des philosophes, qu'ils condamnent sur des ouï-dire, car souvent ils ne les ont pas lus, et ne veulent pas les lire, on leur en fait un cas de conscience. Tout livre mis à l'index religieux et politique, est condamné au pilon. N'est-ce pas là la meilleure manière de triompher des argumens irrésistibles auxquels il n'y a pas de réponse?

La plupart de ceux qui sortent des colléges jésuitiques, lorsqu'ils entrent dans le monde et qu'ils y occupent des postes importans, ne veulent pas que des subordonnés raisonnent, et leur permettant de s'abandonner à la morale des intérêts, ce n'est qu'à cette condition qu'ils leur accordent une orgueilleuse protection. Des chefs si impérieux, sont intolérans en religion comme en politique. Ils sont démoralisés par principe; ils se persuadent que tous les crimes du machiavélisme sont des vertus et se croient en droit de les commettre sans remords, toutes les fois qu'ils les croient nécessaires à la gloire de Dieu et à celle de l'État.

Tel est le portrait fidèle, mais trop abrégé, d'une grande partie des élèves des jésuites, de ces hommes imbus des doctrines du fanatisme religieux, de ces hommes qui composent la faction servile, ennemie acharnée de l'instruction et des lumières de la philosophie.

Les mauvais prêtres n'ignorent donc pas que la servitude et le manque d'instruction avilissent les hommes, abrutissent les peuples et les rendent tous malheureux : tandis qu'au contraire, la science, la raison, le bon sens et la liberté tempérée par les lois, corrigent nécessairement la nature humaine et rendent meilleures et plus heureuses toutes les classes de la société.

Les ministres des anciens cultes religieux, savaient bien aussi que plus les hommes sont instruits de leurs devoirs et de leurs droits légitimes, plus ils sont civilisés, plus ils sont éclairés, et moins ils sont susceptibles d'être dupés et rançonnés, moins il est facile de soumettre leur esprit aux croyances absurdes de la superstition, si contraires au bon sens et à la raison.

Les prêtres des anciennes religions firent en conséquence tous leurs efforts pour égarer et fatiguer l'esprit humain, par les idées théologiques les plus incohérentes, les plus inconcevables ; par des fables ridicules, par des mystères absurdes et inexplicables. Mettant le comble à la perversité, ils virent qu'il était de leur intérêt de corrompre le cœur humain au moyen de maximes pernicieuses, entièrement opposées aux préceptes de la morale la plus pure. Ils ne parvinrent que trop souvent à asservir l'humanité, et à l'abrutir au point de lui faire méconnaître les droits de la raison et étouffer en lui les inspirations divines du simple bon sens.

On conçoit difficilement le succès de ces maîtres fourbes, et pourquoi dans les temps anciens, ainsi que les casuistes relâchés que la société de Jésus a vomis dans des temps plus modernes, ils réussirent à faire goûter si rapidement aux mondains, la morale la plus corrompue. Il sera aisé de le comprendre, si on réfléchit que cette faction religieuse ancienne et moderne, s'est toujours appliquée à étudier le cœur humain, à en connaître les défauts et les vices, et à flatter ses inclinations perverses. Aux uns, ils leur enseignent à s'emparer du pouvoir absolu et à se faire obéir par la terreur et la force ; aux autres, ils leur apprennent la manière d'acquérir ou d'extorquer les richesses du peuple par la ruse, par la force et par des crimes, mais toujours sous la condition du partage des dépouilles entre l'autorité spirituelle et l'autorité temporelle. C'est cet heureux accord d'intérêts qui a toujours produit cet ascendant inconcevable dont les prêtres abusèrent en tout temps.

Il a donc toujours été de l'intérêt des séducteurs et de leurs complices, de condamner les hommes à l'ignorance et à l'abrutissement.

Ils n'aspirent qu'à en faire de vraies machines essentiellement obéissantes, et les prêtres se réservent à eux seuls le droit d'en régler les croyances religieuses. C'est ainsi qu'en traitant les peuples en esclaves, ils leur imprimaient également le caractère et les vices de l'esclavage.

Une maxime aussi blâmable, celle d'abrutir l'homme par l'ignorance, et tâcher de l'avilir, jusqu'à le rendre insensible au mépris et aux mauvais traitemens, n'est-elle pas criminelle en politique comme en morale? En méprisant le peuple, n'est-ce pas consentir à ne jamais s'en faire aimer? Le souverain qui adopterait de pareils principes n'obtiendrait jamais l'affection de ses sujets, et n'y trouverait ni gloire, ni sûreté. L'amour des peuples envers leur souverain est cependant la garde la plus fidèle du prince. Il ne suffit pas de régner par la force, il faut encore gagner les cœurs par la clémence et la douceur.

Non-seulement le fanatisme de tout temps montra une opposition marquée à l'enseignement des sciences, aux progrès de la civilisation; mais il s'est encore efforcé de proclamer comme un axiôme qui aujourd'hui en impose à beaucoup d'honnêtes gens, et qui consiste à dire : *Que l'ignorance est le partage nécessaire du peuple... qu'il est dangereux pour l'état et pour la religion de lui accorder une instruction approfondie..... et que moins il est éclairé, plus il est aisé de le gouverner.*

Cette proposition exigerait une discussion dans laquelle je ne crois pas devoir entrer présentement. Je parviendrais bien certainement à en démontrer la fausseté et l'injustice, et, pour y parvenir plus sûrement, je diviserais la question, et j'en séparerais ce qui est de droit, d'avec ce qui est de fait.

Quoi qu'il en soit de cette proposition, les prêtres l'ont proclamée uniquement dans leur intérêt. Si elle offre un sens spécieux, c'est-à-dire qui ait, dans quelques-unes de ses parties, une apparence de vérité, ce sens spécieux, ne pourrait être invoqué qu'en faveur des gouvernemens démoralisés qui se sont placés dans la cruelle nécessité de ne pouvoir gouverner leurs sujets opprimés, que par la crainte et la terreur.

En effet, tout gouvernement qui arbore le pouvoir absolu, qui l'exerce despotiquement et tyranniquement en commettant sans remords et sans honte des vexations et des injustices manifestes; qui surcharge le peuple d'impôts exorbitans, pour les dissiper en prodigalités, pour assouvir en vain l'insatiable avidité des agens stipendiés, des complices trop nombreux de la tyrannie; ce gouvernement, dis-je, se place irrésistiblement dans la dure nécessité de recourir à la violence, à la terreur, à des mesures de rigueur pour comprimer le mécontentement qu'il a lui-même excité. C'est le gouvernement lui-même qui est en quelque sorte l'artisan du désordre qu'il fait naître; il est le créateur des dangers auxquels il s'expose en violant les droits légitimes de chaque particulier. C'est en excitant le mécontentement général que l'autorité répand elle-même parmi le peuple les semences de la révolte, dont à chaque instant elle peut craindre les funestes effets. Un pareil gouvernement, par sa démoralisation, se trouve placé sur un volcan enflammé. Il en attise lui-même le feu en ne cessant d'aigrir les esprits qu'il a déjà irrités.

Ce n'est pas l'ignorance et l'abrutissement des nations qui auraient pu diminuer les guerres, les rébellions et les révolutions sans nombre, qui ont eu lieu dans les siècles de barbarie. Pourquoi donc condamner le peuple à l'ignorance? pourquoi l'exposer à tous les malheurs qui menacent les êtres imprévoyans, auxquels il est plus facile d'en imposer, et qui par conséquent se laissent plus aisément duper et spolier?

De quel droit ceux-là qui condamnent le peuple à l'ignorance, voudraient-ils qu'une portion de la population qui constitue un état fût plus malheureuse que l'autre portion? Un arrêt aussi injuste n'a pu être dicté que par l'égoïsme sacerdotal, et par le machiavélisme politique.

On ne prétend pas dire qu'il faille exciter le peuple à se livrer malgré lui à l'étude des sciences; mais il faut lui laisser la liberté de s'instruire, lui en faciliter les moyens plutôt que d'y mettre des entraves, et de pousser la petitesse jusqu'à persécuter cette précieuse et utile méthode de l'enseignement mutuel, que les aveugles partisans des jacobinières de *Mont-Rouge* et de *Saint-Acheul*, persécutent pour plaire à la puissance jésuitique.

La science est un bien commun qui appartient à tous les citoyens ; chacun a droit d'y prétendre selon les circonstances dans lesquelles il se trouve : mais l'ignorance est un mal, le mal ne peut produire que du mal, et tous les raisonnemens contraires aux principes de philantropie ne sont que des paradoxes. Je le répète donc, il est injuste de condamner le peuple à l'ignorance : cette injustice est une mauvaise action, qui, dans aucune hypothèse, ne peut faire le bonheur de la société, ni devenir un bienfait politique, et encore moins servir de moyen pour mieux gouverner.

Telle est l'origine de l'aversion des jésuites et de ceux de leurs élèves qui sont fortement imbus de principes jésuitiques contre le développement des sciences, tels sont leurs motifs pour s'opposer aux progrès des lumières philosophiques et dévouer aux flammes les écrits de Voltaire, de Rousseau et de tant d'autres illustres et savans auteurs. Telles sont les raisons qui leur font adopter des opinions aussi injustes. C'est ainsi que tous les prêtres, dans l'antiquité, faisaient également tous leurs efforts pour avilir et abrutir les peuples, pour les empêcher de s'éclairer sur leurs devoirs et leurs droits et pour les dépouiller plus facilement.

Il serait utile sans doute d'indiquer l'origine de *l'autorité occulte* que des prêtres exercèrent dans tous les temps sur les souverains, sur les gouvernemens et sur les peuples. Mon intention n'est pas de me livrer à une longue discussion sur ce sujet. Elle me conduirait trop loin ; mais je me contenterai de présenter en passant quelques réflexions sur cette matière si difficile à traiter avec clarté.

Je répéterai d'abord qu'on doit être maintenant bien convaincu, que le désir d'acquérir des richesses fut toujours, dès la plus haute antiquité, le principal mobile des actions de tous les ministres des cultes religieux ; il fut le motif et la base fondamentale de leur doctrine, de leurs dogmes et de leurs intrigues ambitieuses.

C'est pour seconder leurs intérêts qu'ils immolèrent sur les autels de Plutus, de ce dieu des richesses, et la morale et la justice; c'est dans ce but qu'ils trahirent et qu'ils sacrifièrent sans remords l'humanité et la bonne foi qu'ils foulèrent indignement à leurs pieds. Ils propagèrent enfin de toutes parts l'immoralité religieuse, l'immoralité politique, et l'immoralité particulière.

Pour réussir dans leurs projets ambitieux, les prêtres sentirent que non-seulement ils devaient s'entourer de respect et de crédit, mais encore obtenir une grande influence sur les esprits : c'est par cette raison que dans l'origine, n'ayant aucune autorité par eux-mêmes, ils s'appliquèrent à exercer une puissance morale sur les souverains, sur les gouvernemens et sur les peuples.

Les disciples de Loyola particulièrement, et dans les temps modernes, poussèrent à un haut degré cette puissance morale en s'emparant de l'éducation de la jeunesse, en dirigeant celle des princes et en s'arrogeant le droit de donner pour ainsi dire exclusivement des confesseurs aux rois. Tous les courtisans, pour plaire à leur maître, confiaient également la direction de leur conscience à des jésuites.

La faction religieuse, dès la plus haute antiquité, joua toujours le premier rôle en se rendant dépositaire des sciences humaines, dont ils se servirent pour abuser de la stupidité du vulgaire ignorant et crédule. Mais ils apprirent encore que pour maîtriser les esprits les plus revêches et pour en imposer généralement, il fallait étonner, effrayer et inspirer de la terreur; ils eurent donc recours aux impostures superstitieuses et aux barbaries du fanatisme qu'ils exercèrent tantôt par eux-mêmes, témoin les tortures et les bûchers de l'inquisition, et tantôt en employant une telle influence sur les gouvernemens, que ceux-ci obéissaient à la voix des prêtres, et devenaient les exécuteurs des vengeances sacerdotales. Ils sentirent encore qu'il leur était nécessaire de représenter aux hommes la divinité sous un aspect terrible. Ils se décidèrent en conséquence, et malgré les réclamations du bon sens et de la raison, à proclamer l'existence idéale d'un Dieu véritablement formé à leur image, c'est-à-dire d'un dieu jaloux, exigeant, vengeur, irascible et cruel, d'un Dieu inexorable enfin lorsqu'il est offensé, mais qu'on pouvait cependant très-facilement fléchir par la soumission aux ministres du culte et surtout par des présens et des victimes.

On pouvait donc, au moyen de l'intercession des prêtres, apaiser un dieu si effrayant, et se le rendre propice en raison de la richesse des offrandes qu'on déposait sur les autels et dans les temples.

A ce hideux tableau de la Divinité chez les païens, qui ne reconnaît le portrait des prêtres eux-mêmes? Ils se sont ainsi dépeints d'après nature, et ils ont donné en même temps une idée du caractère qui les distingue et de la morale corrompue qu'ils prêchent et qu'ils ont observée avec tant de persévérance depuis que le monde existe, dans toutes les religions *et malheureusement sans en excepter aucune.*

Je n'ai fait cette dernière remarque que pour exciter la surveillance des gouvernemens contre les vices, l'immoralité et les exorbitantes prétentions de nos prêtres, et non pour nuire à la vraie religion et offenser ceux qui la professent.

Nous pourrions développer cette dissertation et entrer dans de plus grands détails sur cette matière que je n'ai fait qu'effleurer. Je voudrais faire connaître l'origine de l'intolérance et du fanatisme qui dérive du système adopté par les prêtres sur l'origine du bon et du mauvais génie. Je donnerais aussi des notions plus étendues sur les causes qui ont produit l'immoralité religieuse, politique et particulière; mais je ne puis, quant à présent, m'étendre au-delà des bornes que je me suis prescrites dans ce discours préliminaire. Peut-être un jour je traiterai ce sujet d'une manière plus complète, si toutefois l'influence du jésuitisme ne s'y oppose.

Je regrette donc de terminer cette dissertation après l'avoir à peine ébauchée; mais du moins qu'il me soit permis de répéter encore, que vouloir arrêter le développement de la civilisation et le progrès des sciences, pour ne fonder le pouvoir des princes que sur l'ignorance du peuple et sur la superstition et le fanatisme, est un conseil perfide, inspiré par le jésuitisme et essentiellement nuisible à tous les gouvernemens et à tous les souverains. Ce conseil équivaut en quelque sorte à une déclaration hostile, faite contre la liberté et contre les droits les plus légitimes des peuples.

L'autorité temporelle ne doit plus se laisser abuser, par ceux qui furent de tout temps et seront toujours, invinciblement, tantôt ouvertement et le plus souvent secrètement, et avec hypocrisie, les ennemis jurés de toute autorité qui leur résiste, les rivaux constans de la royauté. Toujours ils seront les adversaires irréconciliables des rois, auxquels ils n'accorderont des instans de paix qu'autant qu'ils les auront subjugués, avilis et rançonnés.

Les souverains et les gouvernemens doivent donc refuser leur confiance à de pareils conseillers, à des êtres qui enseignent que le crime est permis dans l'intérêt de la religion, à des prêtres hypocrites pour lesquels la perfidie est une action vertueuse et qui en trompant les hommes prétendent servir le ciel.

Comment pourrait-on en effet se fier à ceux, qui sont profondément corrompus et démoralisés en religion comme en politique, à des sectaires qui propagent par système dans toutes les classes de la société, l'immoralité religieuse, l'immoralité politique et la corruption des mœurs ?

Défiez-vous donc de cette secte anarchique des disciples de saint Ignace de Loyola, qui ne rêvent que l'inquisition et qui donnent aux souverains le conseil nuisible d'exercer le pouvoir arbitraire et absolu, qui porte en lui-même le germe de sa propre destruction. Ce pouvoir sans bornes a une tendance invincible vers l'immoralité politique et conduit infailliblement à cette corruption qui est la source des abus, des désordres et de l'anarchie. Ce pouvoir si dangereux fait également le malheur de ceux qui y sont soumis et de ceux qui veulent l'exercer. Cette vérité incontestable est appuyée de faits innombrables qui abondent dans l'histoire ancienne et moderne des peuples et dont aujourd'hui la malheureuse Espagne nous offre les preuves les plus tristes.

Le salut des états, la sûreté des souverains, et le bonheur des peuples, résident dans la justice qui protége également le faible, et le pauvre comme le riche. La douceur paternelle, et la bonté, qui devraient toujours caractériser, non-seulement les princes, mais même leurs agens, enchaînent les cœurs et commandent l'affection des sujets, tandis que les injustices, les mauvais traitemens et les vengeances éternisent les haines. L'orgueil, la tyrannie, le brigandage et les dilapidations de ceux qui exercent le pouvoir au nom du souverain, irritent ceux qui doivent obéir et payer. Tôt ou tard de pareils abus produisent des désordres et amènent insensiblement les révolutions. C'est ainsi qu'aujourd'hui l'Amérique et la Grèce ont été forcées comme malgré elles, de secouer le joug de leurs oppresseurs, qui à force d'injustices et de cruautés ont anéanti eux-mêmes la légitimité de leur autorité.

Il est temps de repousser les principes dangereux de ces hypocrites incorrigibles, qui cachent leurs projets ambitieux, sous le masque de la religion; auxquels il ne manque que le pouvoir, pour renouveler les horreurs de l'abominable inquisition religieuse et rappeler la torture et les bûchers.

Il est temps que tous les gouvernemens aient

en horreur, les guerres à la fois politiques et religieuses, dont le caractère fut toujours celui de l'extermination; et qui inspirées par la superstition et le fanatisme, furent constamment le signal du carnage et de la dévastation.

Il est temps que les souverains pour leurs propres intérêts, prêchent d'exemple par une conduite franche et loyale, et surtout morale en politique dans leurs transactions diplomatiques, comme dans leurs opérations administratives, tant au dehors, vis-à-vis des autres états, que dans l'intérieur vis-à-vis de leurs propres sujets.

Il est temps que les ministres d'état et tous les agens de l'autorité souveraine, pratiquent eux-mêmes la morale évangélique, cette sublime morale basée sur l'équité. C'est le seul moyen de rétablir la morale publique, car l'immoralité particulière ne fait des progrès parmi le peuple, qu'en raison de la corruption des gouvernemens. Il faut donc ne plus écouter les conseils perfides du jésuitisme, il faut donc renoncer à solliciter des lois inquisitoriales toujours odieuses et toujours basées sur un principe d'injustice. Il faut s'abstenir de toutes ces mesures arbitraires, et quelquefois tyranniques. Il ne faut plus de destitutions, d'épurations, de purifications, et de circulaires destructives du droit d'élection et qui souvent ayant un caractère d'intrigue et de petitesse décèlent le jésuitisme qui ordonne et exige de pareilles mesures, indignes d'une autorité indépendante et qui ne devrait jamais s'abaisser devant aucun parti.

Il est temps que les tribunaux se persuadent que ce n'est point un cri séditieux que de s'adresser aux gouvernemens eux-mêmes avec une confiance filiale, pour leur faire connaître les abus qui rongent et détruisent sourdement, et quelquefois ouvertement et avec impudeur, l'autorité souveraine; que ce n'est point un crime d'invoquer paisiblement les droits naturels des peuples, et l'observation des lois de la part des agens de l'autorité publique; que ce n'est point dans l'intention de nuire à la religion, ni de provoquer la haine contre les ministres du culte, que de faire connaître l'immoralité et le fanatisme des mauvais prêtres.

Il est temps que le souverain pontife, dont les vertus chrétiennes et évangéliques inspirent la confiance et la vénération à tous les vrais fidèles, se charge lui-même de faire rentrer dans leur devoir le clergé séculier et régulier. Il est temps de réformer les mœurs, le langage et les principes des prêtres fanatiques qui, en divers pays, et principalement en Espagne et en Portugal, nuisent aujourd'hui à la religion chrétienne, apostolique et romaine.

Depuis que la cruelle superstition exerce ses ravages dans la malheureuse péninsule, depuis que la faction du monachisme et du jésuitisme, ultramontaine malgré le saint-siége, y verse de toutes parts à grands flots le sang humain et y excite les passions les plus haineuses; depuis qu'elle y fanatise le peuple abruti par l'ignorance, on n'y a pas encore entendu la voix du père des chrétiens, nulle pastorale apostolique, n'y a encore été proclamée, d'accord avec l'autorité souveraine séculière, pour apaiser les fureurs, ramener les esprits à l'autorité légitime, et instruire les hommes sur leurs devoirs de chrétiens et de sujets soumis.

Il est temps que le chef de l'église rompe un silence si nuisible qui semblerait l'accuser de donner son approbation, à la rébellion et à l'anarchie.

Il est temps qu'il proclame les principes qu'il professe lui-même, sur la ligne de démarcation qui doit exister entre l'autorité spirituelle et l'autorité temporelle. Il est temps qu'il fasse connaître à tous les souverains de l'Europe, qu'il se désiste loyalement des prétentions exorbitantes de ses prédécesseurs. Il est temps qu'il déclare franchement qu'il n'a aucune autorité directe sur la puissance terrestre des souverains dans ce bas monde, et que c'est à tort qu'on voudrait l'accuser de prétendre avoir le droit de disposer de la vie, et de la couronne des princes.

Cette déclaration franche, loyale, faite avec une humilité chrétienne, fondée sur la justice, fondée sur l'évangile, fondée enfin sur les divins préceptes de Jésus-Christ, qui a dit formellement *mon royaume n'est pas de ce monde*, ramènerait infailliblement et en très-peu de temps à la communion de l'église romaine, toutes les puissances qui ne s'en sont séparées que par l'effroi que leur ont causé les prétentions et la corruption du clergé catholique. Les théologiens qui, jusqu'à présent, ont voulu traiter cette question de la réunion des schismatiques à l'église de Rome, pour la plupart soumis à l'empire des préjugés, n'ont jamais bien envisagé cette question difficile dans son véritable point de vue; ils n'ont présenté que des raisonnemens faibles ou sans justesse, qui toujours ont été, et seront toujours sans effet. Que le saint père se souvienne que ce furent les excès et la corruption du clergé, ainsi que la torture et les bûchers de l'horrible inquisition, qui produisirent ces grands schismes, et firent perdre à la cour de Rome près de la moitié de l'Europe. Les jésuites, véritablement anti-chrétiens, vinrent ensuite avec l'intention formelle de remplacer l'inquisition. Ils en héritèrent les mêmes principes, et se rendirent coupables des mêmes excès et des mêmes atrocités. Les résultats de leur affreuse mission seront les mêmes inévitablement, et s'ils ne sont arrêtés dans la carrière infâme que les disciples de Loyola parcourent avec tant de persévérance et d'obstination, bientôt le saint-siége verra l'autre moitié de l'Europe se séparer de sa communion.

Que le pape chasse les jésuites qui n'offrent

qu'une société dangereuse, ou plutôt une secte désorganisatrice qui n'est en harmonie avec aucune autorité sur terre, pas même avec celle du chef de l'église, auquel plus d'une fois elle fit la loi, et dont les élémens tendent à la dissolution de tout ce qui lui résiste, et de tout ce qui lui est contraire. Que sa sainteté, surtout, proscrive le jésuitisme qui enseigne la manière de commettre toute espèce de crimes sans remords, et qui autorise le régicide pour la gloire de Dieu, et dans l'intérêt de la religion. Le chef des chrétiens sera alors bien certain de rendre la paix à l'église, d'apaiser les désordres qui désolent les gouvernemens, et fera le bonheur des souverains et des peuples.

Il est temps enfin que tous les hommes, princes et sujets, ainsi que les ecclésiastiques dans tous les grades, connaissent leurs devoirs et leurs droits légitimes. Les lumières ne peuvent que les rendre meilleurs, et les empêcher de tromper les hommes ou d'être la dupe de leur crédulité. L'instruction et la science doivent donc diminuer la masse des maux qui affligent l'humanité.

ENCORE
DES COMÉDIENS
ET
DU CLERGÉ.

CHAPITRE PREMIER.

Allégations de *M. de Sénancourt*, dirigées contre l'auteur du livre intitulé : *Des Comédiens et du Clergé.*

Le livre que j'ai publié sur les Comédiens et le Clergé, vient d'essuyer de la part de *M. de Sénancourt*, une diatribe aussi inconvenante qu'elle me paraît injuste. Cet écrivain, qui je le crois, doit être estimable sous d'autres rapports, m'attaque sans ménagement dans le *Mercure* du dix-neuvième siècle (1), et il m'oblige malgré moi, pour ainsi dire, de rentrer dans la discussion, au sujet des avanies et des actes d'into-

---

(1) Voyez le Tome IX, n° 110, page 262, du Mercure du dix-neuvième siècle, in-8°. Paris; 1825.

lérance, que les comédiens français ont à essuyer de la part du clergé, ou plutôt, de la part de quelques ecclésiastiques ignorans et fanatiques.

Ne pouvant espérer de faire insérer dans l'ouvrage périodique que je viens de citer, ma réponse à *M. de Sénancourt*, je me détermine à la soumettre au public par la voie de l'impression, et à lui donner plus d'étendue.

Dès son exorde *M. de Sénancourt* se permet de crier au scandale, à cause de la réunion de deux mots, au rapprochement desquels, on n'est pas, dit-il, très-habitué. Il ignore que ces deux mots qu'il me fait un crime d'avoir accolés, se sont eux-mêmes autrefois associés, car ils désignent ceux qui, à différentes époques, jouaient également la comédie, ainsi que je l'ai démontré dans l'ouvrage que j'ai fait imprimer.

Ce n'est pas tout, ce charitable critique ajoute avec obligeance, qu'*une intention inexcusable se décèle dans les maximes pures en apparence*, dont mes récits sont entremêlés. Il m'accuse enfin, mais bien gratuitement, sans le prouver et d'une manière vague et irréfléchie, de confondre les temps et les lieux.

Les reproches de *M. de Sénancourt*, sont véritablement jésuitiques. Ils ont tous les caractères odieux d'une dénonciation inquisitoriale; à l'entendre, les *maximes pures* que j'ai proclamées, ne peuvent de ma part, être pures qu'en apparence; puis me prêtant des opinions perverses, il semble qualifier d'hypocrisie, le langage respectueux dont j'ai usé, en parlant de la morale évangélique et des dogmes de notre religion. Ce n'est pas assurément la charité chrétienne, qui a inspiré mon adversaire dans ce genre de critique.

CHAPITRE II.

Réfléxions sur le titre de l'ouvrage intitulé : *Des Comédiens et du Clergé*, et sur les charlataneries littéraires, politiques et religieuses.

Un homme d'esprit, rédacteur d'un journal (1), en parlant de l'ouvrage intitulé *des Comédiens et du Clergé*, s'exprime ainsi : « Voilà des » mots comme disait Fontenelle, qui *hurlent d'ef-* » *froi* de se trouver ensemble. » Puis le journaliste ajoute : « Et pourtant ils ne sont pas aussi » étrangers l'un à l'autre qu'on le pense. »

L'éloquent *Mirabeau*, d'après Fontenelle sans doute, disait aussi que certaines expressions, *hurlaient d'effroi*, de se trouver accolées les unes aux autres.

Je suis donc entièrement de l'avis du journaliste que je viens de citer. Je pense encore que de pareils rapprochemens en politique comme

---

(1) Voyez LE NAIN, in-8°, N° XXII, page 131. Paris, 1825.

en religion, loin d'être irrespectueux et nuisibles à la religion et à l'État, sont au contraire dignes d'approbation et véritablement nécessaires, puisqu'ils tendent à la réforme d'abus intolérables. Ils doivent encore servir à opposer une digue salutaire à la corruption des mœurs du clergé, à l'intolérance religieuse et politique, ainsi qu'au fanatisme superstitieux, qui, dans le monde, a produit au nom d'un Dieu de paix et de miséricorde, tant de crimes, tant de cruautés qui font frémir l'humanité.

Il en est de même quand de pareilles allusions peuvent démasquer ces hypocrites ambitieux, qui se moquent intérieurement de la religion et en font une comédie.

Les comédiens ne sont donc pas dans le monde les seuls qui jouent la comédie. Que de bigots affectant le rigorisme et dont la religion ne consiste que dans une dévotion superstitieuse, se bornant à des pratiques vides de charité et croyant en imposer par des gestes et des grimaces ! Ils déguisent bien mal l'ambition qui les tourmente, leur passion dominante est le désir immodéré d'obtenir de l'autorité et du crédit, et d'amasser par tous les moyens, même les plus criminels, des richesses, objets de leurs vœux les plus ardens. Ils n'aiment la vertu que pour la réputation qu'elle donne. Ce ne sont enfin que de grands comédiens de religion et de vertu.

Il y a des tartufes dans tous les genres, et tous sont profondément corrompus. Il en est qui n'ont pas honte d'employer les expressions les plus respectables et les plus sacrées, pour abuser de la confiance des hommes faibles et de ceux qui par nonchalance, sont indifférens au mal comme au bien, de ceux enfin, qu'une fatale nécessité condamne au joug avilissant de la morale des intérêts.

Il semble aujourd'hui qu'on ne fasse plus attention au contraste néanmoins frappant qui existe entre les expressions, les titres et les qualifications les plus respectables et les plus sacrées, comparés aux choses et aux personnes qui en sont décorées. Si on voulait y réfléchir on y apercevrait des dissonances choquantes, qu'on pourrait en quelque sorte comparer à une espèce de *hurlement* et *d'aboiement*, d'autant plus remarquables, qu'ils tendraient à faire connaître les différentes nuances de l'hypocrisie et de la corruption du cœur humain. Du reste, je n'attache aucune importance à de pareilles expressions, chacun peut les considérer comme des jeux de mots d'assez mauvais goût.

Pourquoi donc, le titre du livre, *des Comédiens et du Clergé*, exciterait-il une si grande susceptibilité? Ne l'ai-je pas suffisamment justifié au moyen des détails historiques les plus incontestables que j'ai présentés dans cet ouvrage? Je vais enfin ajouter ici d'autres exemples du même genre qui viennent à l'appui de ce que j'ai avancé.

N'est-on pas en droit de demander si les dénominations et les qualifications, si dignes de respect : *Pères de la foi...., Missionnaires....,* en deviennent plus recommandables lorsqu'on sait qu'elles servent à désigner les membres qui composent ces jacobinières jésuitiques de *Mont-Rouge*, de *Saint-Acheul,* etc., etc., qui inondent la France et qui ont des clubs correspondans en Suisse et dans tous les gouvernemens qui sont assez imprévoyans et assez faibles pour se laisser mener et subjuguer par ces espèces de coteries religieuses qui sont autant de foyers d'intrigue et d'ambition?

Ces sociétés secrètes, sont d'autant plus dangereuses, qu'affectant l'indépendance, sous le spécieux prétexte de se rendre utiles pour la propagation et l'affermissement de la religion catholique, elles refusent de faire connaître leurs constitutions et leurs réglemens, non-seulement aux gouvernemens séculiers, mais encore à l'ordinaire des lieux, c'est-à-dire aux évêques dont ils prétendent décliner la juridiction ecclésiastique.

C'est ainsi que ces clubs du fanatisme jésuitique, exercent sous les noms de *Congrégations*, de *Pères de la foi*, de *Missionnaires*, l'intrigue et le brigandage, en exigeant des gouvernemens et des particuliers, de fortes contributions à titre d'aumônes, de secours et de donations. Ils correspondent dans tous les pays et y portent le trouble, le désordre et l'anarchie.

Dans les Pays-Bas, des missionnaires jésuites s'y présentèrent dernièrement *viles ut canes*, et furent chassés. En Irlande, par leurs intrigues, ils y étaient déjà parvenus à lever la tête et s'y montrèrent *astuti ut vulpes* : mais y ayant été démasqués et après y avoir ruiné les intérêts et les espérances des catholiques, ils y sont redevenus aujourd'hui *viles ut canes*. En France, ils y sont déjà, *astuti ut vulpes*, leurs progrès y sont sensibles, déjà ils commencent à s'y montrer, à s'y nommer, et les plus impudens croient pouvoir quelquefois déposer pour quelques instans le masque de l'hypocrisie. Déjà encore ils y *aboient* avec quelques succès la création de nouvelles lois inquisitoriales. Mais, tremblez, Français!!! les *Pères de la foi* sont là!!! de tout côté ils promènent leurs regards enflammés. Bientôt ils se montreront, *terribiles ut leones*, et la lance en arrêt comme au temps de *la ligue*, époque d'horrible mémoire, ils se vengeront inquisitorialement de tous leurs ennemis. Avec quel plaisir, avec quelle complaisance ne rappellent-ils pas ces temps de malheurs si agréables pour eux, qui leur rappellent que leurs devanciers faisaient trembler les rois! lisez plutôt leurs brochures modernes. L'un d'eux n'a-t-il pas eu l'impudeur d'en imprimer une ayant pour titre les *Jésuites peints par Henri IV?* Cet écrivain a poussé l'insolence jusqu'à prétendre que ce grand Roi était l'ami des jésuites, et comme un lâche hypocrite, il ose citer les propres expressions de ce bon prince, tandis que nôtre écrivain jésuite sait bien lui-même que la crainte seule avait arraché de tels complimens de la bouche de ce monarque effrayé du crédit des jésuites, puisqu'il avait traité avec eux comme *de puissance à puissance*, et qu'il espérait les ramener vers lui par la douceur; mais ce fut bien en vain qu'il crut adoucir ces tigres féroces, altérés du sang des Bourbons. Trois fois ils firent couler le sang de l'ami du peuple, du grand Henri IV; et enfin un scélérat fanatisé par les doctrines régicides des jésuites, s'arma d'un poignard parricide et arracha la vie au meilleur des rois. Et l'écrivain éhonté que je viens de citer, ose le présenter comme *l'ami des jésuites!* Il faut avouer que de pareils mots, *jésuites* et *Henri IV, hurlent d'effroi* de se trouver ensemble.

Les jésuites semblent impatiens de commencer en France des scènes tragiques et cruelles, pareilles aux exécutions sanglantes qui signalent leur influence funeste en Espagne. On n'ose porter ses regards sur la Péninsule sans frémir d'horreur. C'est là que les factions monachiques et jésuitiques ultra-montaines, sont gorgées de richesses, tandis que l'État est pauvre et la famille royale privée de finances. C'est là qu'après s'être emparés d'une grande partie des revenus du royaume, le clergé et les moines y exercent avec audace une puissance anarchique et déploient toute leur fureur religieuse. C'est là que tous les partis les plus opposés, mais tous également fanatisés par l'ignorance et la superstition, y sont armés les uns contre les autres sous les yeux d'un gouvernement paralysé. Tous les citoyens divisés sont aux prises et s'entr'égorgent, le sang coule de toute part. La division et la haine règnent dans toutes les familles, et cette discorde, soufflée par les prêtres et les jésuites, se propage malheureusement jusque dans le sein de l'auguste famille du souverain légitime, dont l'autorité méconnue ne lui laisse plus que des vœux impuissans à former pour le bonheur de son peuple.

Pour comble de malheur, on y voit des fanatiques soutenus par des moines, des prêtres, des chanoines et des évêques, et armés au nom d'un frère et d'un sujet, contre son frère et son roi légitime : mais on doit croire que ce frère désapprouve lui-même ce parti fanatique et rebelle, qui a l'audace d'oser porter le nom de *Carliste*.

Veut-on jeter un coup d'œil sur le Portugal, on y voit encore les traces des mêmes principes du fanatisme monacal et jésuitique. L'ultramontanisme y a fait également tous ses efforts pour y exciter le désordre et la rébellion en armant l'épouse contre son royal époux, et le fils contre son père et son roi. Mais heureusement une puissance, qui s'est placée dans le premier ordre, a comprimé ce volcan, qui est encore mal éteint; elle a néanmoins déjà fait taire en Portugal tous les partis anarchiques et toutes les factions religieuses, monachiques, jésuitiques, catholiques, ultramontaines, etc., mais en agissant d'accord avec le souverain légitime.

On admire cette puissance éclairée, qui, depuis qu'elle s'est déclarée la protectrice des gouvernemens opprimés et des peuples tyrannisés et massacrés, surpasse de bien loin tous les gouvernemens de l'Europe dans l'art de gouverner, et principalement sous les rapports de la saine morale politique.

On voit le gouvernement britannique diminuer ses armées plutôt que de les augmenter, et cependant il trouve le secret de tenir à lui seul en échec la puissance colossale de la sainte-alliance qui, par son *impopularité*, a apporté en naissant le germe de sa destruction. Cette sainte-alliance si formidable, mais qui déjà perd de son énergie, ruine ses finances, s'exténue en entretenant d'innombrables armées immobiles, l'arme au bras, et n'ose agir.

On demandera peut-être l'explication de ce phénomène politique. La solution en est facile. Elle consiste dans ce peu de mots : *Canning, en obéissant à son souverain, possède la confiance des peuples.*

Tant que le premier ministre d'Angleterre méritera l'honorable confiance dont il est investi, ses succès sont assurés. C'est en effet en dédaignant le système stationnaire qu'il a pris son essor et qu'il a donné au gouvernement britannique une marche hardie et rapide. La justice et l'humanité qui y président font déjà oublier la vente odieuse de *Parga*, ainsi que les excès de lord Maitland, qui appartenaient à l'ancien ministère.

Canning, ami des progrès de la civilisation du monde, et en continuant d'employer le grand levier populaire de la confiance générale, réussira, il n'en faut pas douter, même dans l'entreprise si difficile et si épineuse de l'émancipation des Grecs.

Il paraît bien que ce grand homme d'État sait manier habilement ce levier politique, et comme un autre Archimède, il en connaît toute la puissance, et il a trouvé le point d'appui que demandait ce célèbre mathématicien : *Da mihi punctum, et terram movebo.*

Jamais le premier ministre d'Angleterre ne trahira cette confiance populaire qui fait toute sa force ; jamais il ne sera le défenseur de l'absolutisme ; jamais il ne protégera la superstition, ni le fanatisme ; jamais il ne favorisera le système inquisitorial. Jamais il ne permettrait que des troupes envoyées pour rétablir le bon ordre dans un pays, y restent, comme en Espagne, dans une attitude honteuse, qui accusent les principes de ceux qui les ont envoyées. De braves militaires doivent-ils être spectateurs immobiles, d'horribles massacres dirigés par des moines et des jésuites, sans daigner s'interposer entre les assassins et les victimes ? doivent-ils être réduits au rôle de témoins coupables des crimes qui se passent sous leurs yeux ? doivent-ils, enfin, se trouver condamnés à sanctionner de leur présence l'anarchie, la rébellion, la vengeance, les massacres et les assassinats qui accablent aujourd'hui la malheureuse péninsule (1)? Non! le ministère anglais ne sera jamais ni si maladroit, ni si absurde.

C'est donc au gouvernement anglais qui, tous les jours, déploie de plus en plus les principes d'une politique sage, éclairée et morale, qu'était réservée la noble mission d'enchaîner à Lisbonne la rébellion, le monachisme et le jésuitisme. Ce gouvernement, qui depuis longtemps n'est plus la dupe de l'ultramontanisme, est cependant parvenu à écarter les malheurs qui menaçaient les Portugais catholiques. Il s'est porté à cet acte d'humanité avec zèle et

---

(1) Mon intention n'est point d'accuser ici le ministère français, de tous les désordres qui affligent présentement la malheureuse Espagne, et même d'une grande partie des abus qu'on remarque en France. Je suis bien éloigné de partager l'aveugle acharnement de tous les partis, qui veulent renverser les ministres actuels; on connaîtra mes motifs en lisant la Notice que j'ai placée à la fin du présent chapitre.

en dépit des malédictions et des anathèmes de la faction de ces fanatiques qui s'arrogent si audacieusement les beaux titres de *pères de la foi* et de *missionnaires*. Il faut bien en convenir, ces dénominations si respectables *hurlent d'effroi* de se trouver en si mauvaise compagnie.

Il n'est pas jusqu'à l'innocent *congréganiste* qui *hurle d'effroi*, de se voir enrégimenté parmi les vils espions du *Vieux de la montagne*, de ce terrible inquisiteur, de cet impérieux général de toutes les congrégations de Loyola, répandues dans l'univers.

Ces sociétés secrètes, sèment de toutes parts le désordre et l'anarchie. Elles exercent l'espionnage le plus odieux, mais le plus habilement combiné.

Les *congréganistes* répandus en grand nombre dans l'ordre social et principalement dans toutes les classes des agens du gouvernement, ont ordre de se surveiller les uns les autres et d'espionner tous ceux qu'ils fréquentent. C'est ainsi que l'espionnage devient général, il n'est aucun bureau qui en soit exempt, depuis celui du ministre jusqu'au bureau à tabac. Tous les lieux publics sont espionnés jésuitiquement, indépendamment de l'espionnage légitime de la police.

Il est encore un autre genre d'espionnage très-étendu. C'est une espèce de commérage sous la direction de confesseurs curieux qui ont ordre de questionner adroitement les maris et les épouses, les enfans et les valets; ils savent tout ce qui se passe dans l'intérieur des maisons et connaissent les actions et surtout la manière de penser de chaque particulier.

Les rapports de cette surveillance, aussi étendue qu'elle est minutieuse, aboutissent dans chaque pays à un centre commun, où des jésuites dévoués, d'après des instructions secrètes, sont chargés de faire des résumés fidèles qu'ils transmettent au monarque absolu des solipses, à ce fameux général des jésuites, résident à Rome. Le pape lui-même, est dans la dépendance de ce roi des rois. Ce moine souverain s'assimile à la divinité. Il commande des *séides* dévoués, qui ont sous leurs ordres tant d'autres séides subalternes! Ce puissant général, véritable monarque, est bien assuré d'être ponctuellement obéi de tous ses sujets, leur ordonnerait-il de commettre les plus grands crimes pour l'intérêt de la société de Jésus, et sous le spécieux pretexte de venger la religion ; au moindre signal, ils se permettraient, au nom d'un Dieu de paix et de miséricorde, d'assassiner ou d'empoisonner sans remords les souverains, les grands personnages et les particuliers les plus obscurs. Malheureusement cette horrible société n'en a fourni que de trop nombreux exemples !

Les principaux séides de ce Vieux de la montagne sont des espèces d'envoyés extraordinaires accrédités en divers pays, auprès des puissances étrangères qui sont assez simples et assez dupes, pour payer elles-mêmes les frais de ces sortes d'ambassades. Ces séides et leurs agens secrets, sont chargés d'espionner et de diriger les gouvernemens, de régenter les souverains, de les punir et de s'en défaire même, lorsqu'ils sont indociles.

Ils tiennent également en tutelle les ministres d'état, qu'ils surveillent, nomment et changent à leur gré. Ceux-ci en devenant créatures de la société de Jésus, sont pour ainsi dire congréganistes *obligés*, ou jésuites de robe courte. Ils ne peuvent se maintenir en place, qu'en se traînant à plat ventre, devant la puissance jésuitique qui les fait trembler. L'aveuglement ministériel est si grand que les hommes d'état ont l'imprévoyance et la faiblesse de fournir eux-mêmes, les armes les plus puissantes pour consolider l'esclavage, et river les chaînes des agens de la souveraineté. Le pire d'une position aussi humiliante, c'est que dans tous les gouvernemens où les jésuites dominent, les ministres d'état y sont réduits à la dure nécessité de mettre en pratique les principes de corruption, qui sont si bien établis dans les constitutions, les règlemens et les instructions publiques et secrètes de l'ordre *monastico-politique* des disciples de Loyola! Ces ministres enfin, auxquels il est défendu d'avoir une conscience particulière, *hurlent d'effroi* d'être contraints, mais bien malgré eux, d'introduire trop souvent dans leurs opérations *gouvernementales*, une infâme morale astucieuse et machiavélique. Qu'on juge maintenant de l'asservissement pénible dans lequel gémissent tous les agens subalternes d'un gouvernement trop faible pour accorder aux magistrats cette noble indépendance, si nécessaire pour rendre la justice en matière politique et religieuse, et faire respecter les lois.

Ce n'est pas tout encore, les disciples de saint Ignace, ainsi que leurs partisans serviles, leurs écrivains soudoyés, leurs gazetiers salariés, tous d'après le principe d'hypocrisie dont ils sont prédominés, semblent avoir épuisé les dénominations et les expressions les plus sacrées et les plus vénérées, pour en décorer le titre de leurs journaux et de leurs gazettes ; combien ne voit-on pas d'*Amis de la religion et du roi,* qui ne professent que des principes anti-chrétiens et régicides !

Si on jette un coup d'œil, principalement sur leurs écrits périodiques en matière religieuse, on y trouve des intitulés respectables, qui *hurlent d'effroi* de servir de frontispice à des ouvrages qui, renfermant quelquefois du bon grain, sont néanmoins trop souvent infectés d'ivraie.

C'est là, qu'un vil écrivain, profondément corrompu, vénal et honteusement protégé, soudoyé et honoré par la théocratie jésuitique, a osé *hurler effrontément,* les mots atroces *rigueurs salutaires,* pour justifier l'assassinat des protestans et de tous les hérétiques, et pour préconiser enfin toutes les *Saint-Barthélemy* religieuses et politiques.

C'est d'après ce principe si odieux, qu'un jeune étudiant irréprochable, fut assassiné au milieu de la foule, par un coup de fusil tiré au hasard, qui aurait pu tuer tout autre individu. Le même principe encore, fit mitrailler le peuple à Cadix et massacrer d'innocens écoliers à Pavie.

Combien ne voit-on pas d'écrivains *jésuitisés*, qui, inspirés par l'orgueil le plus hautain, n'ont pas honte de fouler à leurs pieds, la charité et l'humilité chrétiennes, en distillant le venin de leurs plumes empoisonnées, et en produisant des ouvrages qui semblent écrits sous la dictée des furies! Ils n'y respirent que vengeance, que sang et carnage. Ils y appellent à grands cris ou plutôt par des *hurlemens épouvantables*, la persécution, l'inquisition, et tous les fléaux qui sont la conséquence de l'intolérance théocratique. Ils veulent qu'on ne gouverne les peuples que par la terreur et la violence, et ils n'aspirent qu'après les exécutions sanguinaires de la *sainte inquisition*, tandis que ces deux dernières expressions *hurlent d'effroi*, de servir de mot de ralliement aux bourreaux théocrates, altérés de sang humain.

On voit encore un abbé (1) qui prostitue son talent équivoque dans l'art d'écrire, pour la défense du jésuitisme impur. Il déshonore ses écrits par des principes anarchiques en politique et par des doctrines dangereuses pour la religion chrétienne, dont il ébranle, dont il renverse tous les supports et détruit toutes les preuves. Plusieurs savans écrivains, aussi religieux que profonds, ont démontré d'une manière évidente ce que je viens d'avancer; et s'il est nécessaire, j'en présenterai un jour l'extrait, accompagné de réflexions.

Les éloquens ouvrages de cet auteur atrabilaire, que ses aveugles admirateurs nous proposent comme ceux d'un père de l'église, sont néanmoins remplis d'inconvenances et d'expressions de mauvais goût. Un si puissant athlète, méritait bien d'être aggrégé dans les jacobinières jésuitiques; aussi y a-t-il joué un rôle, et obtenu un rang distingué : Mont-Rouge, en effet, lui décerna l'important emploi d'inspecteur-

---

(1) *L'abbé de la Mennais*, auteur de l'Essai sur l'indifférence en matière de religion, 4 vol. in-8°. Paris, 1823.

général des clubs ignaciens en Suisse. On l'a vu traversant avec la rapidité de l'éclair, les montagnes de l'Helvétie, et de là, postillonnant vers la capitale du monde chrétien. Il arriva à Rome, où, avant de rendre ses hommages au *saint père*, il alla se présenter humblement devant le grand *monarque des solipses*, pour lui rendre compte de l'importante mission de Berne.

C'est dans les écrits de ce missionnaire si zélé que l'auteur inspiré par le jésuitisme le plus effréné, se débat et *hurle* comme un énergumène dans ses longues diatribes. Il y accuse d'athéisme et d'indifférence pour la religion, quiconque n'est pas de son avis. Il y injurie sans ménagement, les gouvernemens, les souverains et les ministres d'état.

Ce n'est pas le zèle de la morale chrétienne ni de la charité évangélique, qui inspire tant de rigueurs à cet apôtre du jésuitisme, car il voudrait comme un autre Mahomet, protéger et propager par le fer et par le feu, les pratiques du culte divin.

Ce qu'il y a de remarquable, est que cet abbé véritablement anti-chrétien, ainsi qu'on pourrait le prouver si facilement, y réclame spécialement, mais avec humeur, les biens de ce bas monde en faveur de l'église. A l'entendre, on dirait que le clergé, tenant en main les foudres de l'église, ne cesse d'*aboyer* après son indemnité; tandis qu'il est bien prouvé qu'aujourd'hui, ce même clergé prélève annuellement plus de cent millions sur la France. Cette évaluation ne paraîtra pas exagérée, si indépendamment de plus de trente millions par an, payés par le gouvernement, on met en ligne de compte tout ce que les évêques et les prêtres dans les départemens, reçoivent des communes et des particuliers, pour leurs établissemens et pour l'administration des sacremens, sans compter les donations testamentaires qui se multiplient progressivement toutes les années.

Ah! quel malheur, si on rendait aux prêtres et aux moines, les biens corrupteurs dont ils firent si mauvais usage ; dont autrefois ils s'emparèrent si frauduleusement dans les temps de barbarie, d'ignorance et de superstition, en abusant de la crédulité des peuples, et en spoliant trop souvent l'homme sans crédit, la veuve et l'orphelin! De nos jours même, nous en voyons quelques exemples, car plus d'un ministre du culte, abusant de l'ascendant que la religion lui donne sur les esprits faibles et crédules, accumule chaque année, par la voie de legs pieux en faveur de *gens de main-morte*, d'immenses richesses, dont la progression serait effrayante, si le gouvernement n'y mettait ordre.

Voudrait-on rouvrir cette source d'abus qui mit de si grands biens à la disposition des prêtres, et qui fit jadis tant de mal à l'État et à la religion? Qu'on réfléchisse donc aux désordres que les prêtres et les moines produisent aujourd'hui en Espagne, par le mauvais emploi de leurs richesses. Ne supposons donc pas que des rois seraient assez influencés et assez effrayés par l'impudence jésuitique, au point de se déterminer à enrichir de plus en plus l'autel aux dépens des sueurs du peuple, et ruiner l'État *à coups de milliards*.

Cette dernière expression n'a-t-elle pas aussi son genre d'éloquence? Il faut le demander à ce brillant écrivain, homme d'État qui, d'un seul trait de plume, jugea sans appel, à mon avis, un grand personnage qui jadis fut si épris du pouvoir absolu. Autant qu'il m'en souvient, c'est M. de Châteaubriant qui a dit de

Napoléon, que ce grand capitaine gagnait ses victoires *à coups de générations.*

Bonaparte, malheureusement pour lui, dédaigna trop souvent l'opinion publique, et il n'en disparut que plus promptement de la scène du monde. Doué d'un génie peu ordinaire, il était néanmoins atteint de la folie de la monarchie universelle. D'autres souverains et d'autres conquérans, non moins ambitieux, aspirèrent également, mais en vain, de parvenir à ce genre de monarchie idéale.

Napoléon, ce souverain improvisé, dont les victoires éclatantes restèrent toujours sans résultat, passa comme l'ombre et bientôt il sera presque oublié. Il ne sut qu'un instant garder sa couronne. Il aurait pu la transmettre à sa race ; mais deux lustres à peine ne suffisent pas pour consolider un trône. Napoléon n'avait pas usurpé la couronne sur l'auguste dynastie destinée à faire le bonheur des Français, car il ramassa les rênes du gouvernement tandis qu'elles étaient flottantes et égarées entre des mains mal habiles, mais cependant en possession d'une souveraineté de fait.

L'usurpateur du directoire, semblait ne pas

avoir de plan fixe ni de but déterminé. On est autorisé à en juger ainsi d'après ses projets insensés, qui, à force d'être gigantesques, immodérés, et mal dirigés, du moins vers la fin de son règne, se rapetissent en disparaissant presque aussitôt qu'ils ont été conçus.

Oppresseur de la liberté, Bonaparte n'en caressa le fantôme que pour mieux déguiser son ambition demesurée. Pouvait-il jamais devenir le prêtre fidèle du culte de cette divinité chérie de tous les peuples? Il n'en connaissait pas le prix et ne fut pas digne d'en être inspiré. Qui l'aurait cru? ce fut de son plein gré, sans y bien réfléchir, qu'il se constitua si imprudemment prisonnier, et qu'il présenta ses mains pour recevoir des chaînes de ceux-là mêmes qu'il avait offensés. Il ignorait donc le cœur humain? A quoi donc lui servit son génie et son esprit? Sur l'extrême déclin de sa carrière, il s'est montré médiocre dans l'adversité, car il fut assez simple, ou plutôt assez aveugle, pour ne pas pressentir la dure et inévitable réclusion qu'il a subie jusqu'à la fin de ses jours.

Lorsqu'on critique les plus fameux personnages, on est plus exigeant envers le grand génie qu'envers les autres hommes. Si donc je me suis occupé de faire ressortir ici les défauts du grand Napoléon, c'est que mon plan n'était pas d'en composer un portrait complet et achevé, je n'avais besoin que d'en faire une esquisse prise sous un point de vue particulier, et je ne suis pas assez injuste pour vouloir atténuer ou obscurcir tout ce que tant d'écrivains plus habiles que moi ont mis au jour, sur les grandes qualités et les grandes actions de cet homme à jamais célèbre. Si je réalise le projet que j'ai formé de donner aussi une biographie de Bonaparte, j'aurai soin, sans doute, que les ombres, si nécessaires à la perfection d'un tableau, y soient ménagées de manière qu'elles puissent servir à faire valoir les traits saillans qui méritent le plus grand jour. Je l'envisagerai sous différens aspects qui ont été, ce me semble, négligés.

Je vais, en attendant, terminer mon esquisse sous le point de vue dans lequel j'ai placé le portrait que j'ai voulu faire connaître, et dont j'ai été à portée d'observer l'original, par moi-même et de très-près, pendant plusieurs années.

J'ai donc bien aperçu que la raison de ce grand homme fut trop souvent la dupe de son imagination quelquefois déréglée. Il était enfin livré à une agitation pour ainsi dire perpétuelle, et qui, je le présume, tenait autant à sa constitution physique qu'à son moral. Toujours inquiet, quelquefois bizarre, il fatiguait ses généraux enrichis, qui n'aspiraient qu'au repos pour jouir en paix des aises de la vie. Si ce grand capitaine a pu être un composé d'*Alexandre-le-Grand*, et de *Charles XII*, il fut au-dessous de *César*, qui, se proposant aussi de conquérir le pouvoir souverain, qu'il voulait fixer entre ses mains, *attira* (comme le dit Tacite) *tous les ordres de l'État, par les douceurs du repos.* Cunctos dulcedine otii pellexit. (*C. C. Tacitus.*)

Napoléon sentit qu'avec le pouvoir absolu, on pouvait faire de grandes choses, et que les empires avec de grandes armées, prospéraient toujours avec une volonté unique et ferme. Doué de cette forte volonté, et après avoir entrepris de grandes choses avec quelques succès, il n'a plus mis de bornes à son ambition, et il voulut entreprendre des choses encore plus grandes. L'opinion publique, pour ainsi dire pervertie par l'influence de Bonaparte, semblait, sous son règne, admettre aussi que la monarchie absolue était le meilleur de tous les gouvernemens. Quoi qu'il en soit, personne ne peut nier que cette opinion ne soit celle du jésuitisme. Cette opinion, cependant, est erronée, malgré les avantages qu'on attribue au pouvoir absolu.

Avant de combattre cette opinion je dirai que les conséquences qui en résultent ne prouvent que trop combien les gouvernemens absolus, depuis l'antiquité la plus reculée jusqu'à présent, ont toujours produit et sans doute produiront toujours des abus multipliés, des injustices révoltantes et impunies, ainsi que des révolutions anarchiques, accompagnées d'attentats et d'atrocités de tous genres.

Le pouvoir absolu, ennemi irréconciliable de la liberté et des droits *imprescriptibles* et *inaliénables* des peuples, est nécessairement basé sur l'immoralité politique et se trouve dans un état perpétuel de fausseté et de mauvaise foi. Il est encore essentiellement opposé au progrès des lumières parmi le peuple, ce qui a été déjà prouvé.

Cette manière de penser et d'agir est précisément l'opinion de la théocratie et par conséquent des jésuites, ainsi que nous venons de le dire. On ne doit pas en être étonné, puisque le gouvernement absolu dérive en ligne directe du gouvernement théocratique. C'est la théocratie et il n'en faut pas douter, qui tous les jours conseille aux gouvernemens de faire tous leurs efforts, ou pour conquérir ou pour augmenter et conserver le pouvoir absolu qui est l'objet de leurs vœux les plus ardens.

Personne n'ignore aujourd'hui que le gouvernement purement théocratique fut toujours au plus haut degré l'autorité la plus absolue, la plus arbitraire, la plus despotique, la plus tyrannique, la plus intolérante et la plus inhumaine. Ce gouvernement est si détestable qu'il n'a jamais pu se maintenir dans aucun temps, dans aucun pays, à cause de l'excès que signalent sa corruption et son immoralité; et d'ailleurs la vengeance implacable et cruelle qui le caractérise a toujours provoqué sa ruine.

Les Hébreux et l'inquisition, à des époques bien différentes, en offrent les preuves les plus convaincantes. Chez les Juifs, des juges théocrates et absolus gouvernaient despotiquement les Israélites. Ils poussèrent le peuple à bout et l'obligèrent à secouer le joug absurde et inhumain de leurs prêtres souverains. Cependant jamais siècle ne fut plus fécond en miracles. Quant à l'inquisition, d'horrible mémoire, on se souvient encore des atrocités du *saint-office* où des prêtres sanguinaires, juges et parties, condamnaient des hérétiques à être brûlés vifs.

Le raisonnement de dire que le pouvoir absolu peut faire de grandes choses au moyen d'une volonté forte et unique, n'est captieux et séduisant que pour les partisans entêtés, aveugles et ignorans de ce même pouvoir absolu. Il est trop facile de démontrer que cette volonté forte et unique d'un seul homme, lorsqu'elle n'est pas tempérée par des contrepoids politiques, peut ruiner l'état et renverser le souverain lui-même. Cette volonté forte, en proie à ses propres caprices, ainsi qu'aux influences funestes de l'esprit de parti qui cherche à l'égarer, renferme toujours le germe de la destruction et toujours opère beaucoup plus souvent le mal que le bien.

On sent que les exemples ne manqueraient

pas pour venir à l'appui de ce que je viens de dire. Car si on veut citer les grands conquérans qui opérèrent de si grandes choses, on répondra que, c'est précisément pour les empêcher d'opérer des choses si grandes, qu'on doit enchaîner ces fléaux de l'humanité et qu'on voudrait leur refuser cette autorité absolue.

Tous ces grands conquérans, si épris d'une vaine célébrité, abusèrent tous de leur autorité absolue, et toujours ils firent le malheur également du peuple oppresseur et du peuple opprimé. Ils voyaient sans effroi leur renommée s'agrandir en sacrifiant des milliers d'hommes qu'ils immolaient dans les combats. Ces fameux guerriers n'avaient souvent que des vertus factices. Ils n'étaient que des comédiens, remplissant des rôles d'acteurs sur le théâtre du monde. On les y a toujours vus en scène, jouant la comédie ; généreux par intérêt et spoliateurs par inclination, ils ont pour principe de partager les dépouilles de leurs victimes avec leurs Séides les plus dévoués. Peu importe à un tyran de dévaster une province pour faire la fortune d'un favori ou d'une maîtresse. On peut en raconter tout à-la-fois des traits de clémence et de cruauté : en effet le fanatisme de la gloire les rend toujours altérés de la soif de l'or et insatiables de sang humain.

Qu'on ne nous vante donc plus ces souverains, ces conquérans, ces grands dévastateurs, dont l'autorité absolue eut toujours une tendance invincible à dépeupler le monde et à reconduire les nations vers la barbarie; presque toujours ils furent un organe de malheurs pour leurs sujets et pour eux-mêmes.

Les plus grands ennemis des souverains sont les adulateurs et les prêtres qui leur souhaitent le pouvoir absolu, qui leur conseillent de se mettre au-dessus des lois et de déchirer les chartes ou les constitutions qui sont des pactes tutélaires des droits du souverain et du peuple.

Le grand WASHINGTON et le célèbre BOLIVAR, libérateur, tant que ce dernier marchera sur les traces du premier, mériteront à jamais la reconnaissance et la vénération des peuples opprimés qu'ils délivrèrent. On rit de pitié en apercevant les petitésses pleines de méchancetés de l'implacable jésuitisme, qui à Rouen a si mal accueilli le retour de l'illustre LA FAYETTE, compagnon de Washington. Ce héros en est bien dédommagé par les vœux de onze millions d'hommes libres, qui naguères l'entouraient en lui offrant des hommages respectueux, accompagnés des accens de la plus tendre reconnaissance. Le nom de *La Fayette* passera plein de gloire jusqu'aux générations les plus reculées, à côté des noms immortels des *Washington* et des *Bolivar*.

Je préfère WASHINGTON *libérateur*, à NAPOLÉON *conquérant*, et je repousse avec indignation le nom d'*Iturbide*, de cet empereur éphémère, qui parut et disparut pour ainsi dire au même instant, et qui après avoir juré une constitution la viola aussitôt en s'emparant de l'autorité absolue et en opprimant ses concitoyens qu'il entassait déjà dans des prisons d'état.

Le beau nom de libérateur fera désormais pâlir celui d'empereur et de conquérant; si *Washington* soutint la guerre par nécessité, *Napoléon* la fit par manie. Tous deux généraux habiles eurent cela de commun, qu'ils commencèrent la guerre sans argent, sans munitions, sans magasins. Mais le premier, fidèle à sa patrie, à ses concitoyens, ne se laissa point enivrer à la coupe du pouvoir, tandis que l'autre accoutumé à commander à des soldats, n'eut pas assez de vertu, pour résister à la tentation de commander en despote à des citoyens. S'il eut de grandes qualités, il n'aima jamais la liberté et versa inutilement des torrens de sang humain pour assouvir son ambition déréglée.

L'illustre écrivain, homme d'état et homme de lettres, que j'ai déjà cité (page 74), a donc eu raison de dire avec une sorte d'éloquence, et je le répète, que ce guerrier si prodigue du sang de ses propres soldats gagnait ses batailles *à coups de générations* ou à *coups d'hommes*, autant que je puis m'en souvenir, car je n'ai pas sous les yeux l'ouvrage dont j'ai tiré cette citation.

De pareilles expressions, qui au moment où on les entend prononcer pour la première fois, produisent une forte sensation lorsqu'on y réfléchit profondément, m'en rappellent encore une autre qui n'a jamais été consignée, que je sache, dans aucun écrit; cette expression ou ce jeu de mots si on veut, offre également d'un seul coup de pinceau le tableau effrayant des malheurs de la campagne de Napoléon à Moscou.

Celui auquel on l'attribue, écrivain zélé du parti religieux, et académicien par ordonnance, a dit en parlant de l'expédition de Russie, que *l'armée avait été engloutie dans un tombeau de cinq cents lieues de long, après une agonie de soixante jours.*

On cite en effet un rapport officiel du ministre de la police générale de Russie, en date du 17 mai 1813, qui porte à deux cent quarante-trois mille six cent dix cadavres d'hommes, et cent vingt-trois mille cent trente-trois de chevaux trouvés le long de la route de Moscou, dans les bois et dans les champs, dont la recherche fut faite par ordre de l'empereur de Russie, au printemps qui suivit l'incendie de cette ancienne capitale de la Russie. Ce nombre de cadavres comprenait sans doute ceux des deux nations en guerre l'une contre l'autre. Ce nombre des victimes d'une expédition aussi follement entreprise s'augmenta encore de tous les soldats français, morts dans les hôpitaux et tout le long des routes, en revenant en France.

D'autres calculs portent à quatorze cent mille hommes, le nombre des soldats morts sous les drapeaux de *Napoléon*, pendant l'espace de seize mois, vers la même époque dont nous venons de parler, et on évalue enfin à plus de cinq millions de Français le nombre des militaires qui périrent pendant les onze années du règne de *Bonaparte*. Tels sont les effets du pouvoir absolu!!...

NOTICE

SUR LE MINISTÈRE FRANÇAIS

EN 1825.

Lorsque dans le présent chapitre 2 (pag. 63), j'ai parlé des affreux désordres de la faction anarchique des moines, des prêtres et des jésuites régicides, ultramontains, qui opprime le souverain légitime de la malheureuse Espagne, mon intention, je le répète, n'est pas d'en accuser le ministère français. Je suis en effet persuadé qu'il est subjugué par l'influence jésuitique sans cesse croissante en France. Il est donc impuissant pour empêcher le mal qu'il désapprouve, comme pour opérer le bien qu'il voudrait faire.

Je projetais un écrit, afin de prouver ce que je viens d'avancer; mais, faute de temps, je dois l'ajourner, et peut-être indéfiniment. J'attendrai d'abord l'heureuse issue du procès intenté contre les deux journaux, dont tout le crime est de publier des vérités utiles à la vraie religion, aux souverains, aux gouvernemens et aux peuples. Je veux ensuite juger si, à la rentrée des chambres, le système des lois de tendance doit prévaloir et si l'imprimerie et la librairie vont être entièrement envahies. Déjà la terreur s'empare de presque tous les imprimeurs, on ne trouve que très-difficilement à publier des ouvrages favorables à l'opposition. Cette terreur s'étend aux libraires et aux bouquinistes, et se propage jusqu'aux relieurs et aux brocheuses. Désormais cette opposition si salutaire, sera frappée par des vexations et des condamnations multipliées. Elle sera, enfin, obligée de laisser le champ libre à la faction jésuitique, qui aspire à être aussi puissante en France, comme elle l'est déjà dans la péninsule.

Je dois donc déclarer que si j'ai dit des vérités incontestables, je suis bien éloigné d'approuver, et encore moins de partager, cet acharnement aveugle de tous les partis, sans en excepter aucun. Tous voudraient renverser le ministère actuel.

Parmi les hommes les plus aigris contre les ministres, on en remarque dans les rangs des *congréganistes* et des *ultra-monarchiques* de toutes les couleurs, particulièrement parmi les compétiteurs du fauteuil ministériel, entre lesquels on aperçoit d'anciens hommes d'état, qui jadis s'étaient attelés au char de la sainte-alliance.

Il n'est pas jusqu'aux libéraux, qui demandent imprudemment d'autres ministres, sans réfléchir s'ils en obtiendraient de meilleurs.

Que tous les partis continuent à signaler les abus, les excès et les désordres; mais il est bien inutile de demander un changement dans le personnel des ministres, tant que nous serons opprimés sous l'empire de l'influence des *Pères de la foi*.

Pourquoi donc tant d'animosité contre les personnes? nous avons assez à gémir sur les choses. N'est-il pas visible que cette influence pestilentielle que nous avons rapportée d'Espagne, en violant nous-mêmes notre cordon sanitaire, pèse plus particulièrement sur les principaux agens des gouvernemens, que sur aucun autre employé subalterne? Réfléchissons donc que les hommes d'état à la tête du gouvernement, ne sont pas plus libres aujourd'hui sur le fauteuil ministériel, que Ferdinand VII ne l'est sur son trône.

Tous les ministres sont comprimés par le jésuitisme anarchique, et on doit plutôt leur savoir gré du bien qu'ils font quelquefois réellement comme à la dérobée; et les excuser, en quelque sorte, du mal qu'ils ne peuvent empêcher.

Ce bien et ce mal dont je veux parler, exigeraient ici de grands détails qui seraient curieux et dans lesquels j'entrerais par la suite et probablement jamais, puisque l'opposition va être muselée par de nouvelles ordonnances et réglemens.

La responsabilité ministérielle n'est-elle pas nulle? Elle doit l'être en effet, par la nature même de notre position *théocratique*.

Il faut sans doute poursuivre les abus et les désordres, les dénoncer, s'il est permis, à l'opinion publique, dût-on succomber sous le poids des réquisitoires menaçans. Mais, je le répète, c'est une petitesse de s'en prendre aux personnes plutôt qu'aux choses, quand il est bien prouvé qu'on ne peut rien gagner au changement.

A coup sûr, aucun nouveau ministre ne parviendra au fauteuil ministériel s'il n'est *congréganiste* ou *jésuite de robe courte*. Il sera ennemi secret de la charte, il donnera au souverain le perfide conseil de s'emparer d'un pouvoir absolu et de gouverner ses sujets par la contrainte et par la terreur. Il est donc inutile d'avoir de nouveaux ministres, tant qu'il y aura des *jacobinières jésuitiques* et des *clubs théocratiques*, qui, à l'instar des affreux *clubs jacobins* de la révolution, neutralisaient et maîtrisaient despotiquement l'autorité légitime du gouvernement.

Je veux bien encore supposer une autre hypothèse, mais je serais toujours de l'avis de conserver tous nos ministres tels qu'ils sont,.... même,... même,... etc., etc. Cependant, à l'exception d'un seul, s'il était possible, et uniquement parce qu'il est dans une fausse position. C'est ce que j'expliquerais d'une manière incontestable dans mon écrit projeté, mais qui n'existe que dans le futur contingent.

C'est à mon avis une calamité, dans un état, de changer souvent de ministres. De pareils changemens sont des symptômes de faiblesse, de troubles et de désordres. Ils annoncent qu'un gouvernement est en proie aux différens partis qui successivement triomphent les uns des autres.

Cette hypothèse que je viens de supposer, est celle au moyen de laquelle on serait parvenu à détruire tous les clubs des disciples de Loyola, à en disperser les membres, à les faire rentrer dans l'ordre social sans qu'ils puissent y nuire, à établir au plutôt une manufacture dans la belle maison de plaisance de *Mont-Rouge,* dans cette trop fameuse *jacobinière jésuitique,* où résident les matadors dépositaires, en France, d'une portion de la souveraineté universelle du terrible *Monarque des solipses* qui pèse sur le globe terrestre.

Une fois délivrés du joug honteux des jésuites, les ministres d'état, libres alors de faire le bien, et en suivant chacun sa propre impulsion, se distingueront par une noble émulation, pour profiter des avis et des réflexions que tous les partis également comprimés, sans qu'aucun ait la préférence, s'empresseront à l'envi de leur offrir.

Les ministres, livrés à eux-mêmes, seront bientôt connus par un public pénétrant. On jugera avec certitude de leurs inclinations, de leurs opinions et de leurs talens personnels. Chacun alors pourra sur de justes raisons motiver le désir qu'il aurait de voir le changement de tel ou tel ministre, ou l'admission de tel ou tel personnage pour remplacer celui-là.

Gardons tous nos ministres tels qu'ils sont, et jusqu'à nouvel ordre; c'est la manière dont je pense, c'est mon vœu, mais continuons toujours de leur adresser la vérité, c'est à eux de réformer eux-mêmes les abus que nous leur dénoncerons au moyen de la liberté de la presse : toute autre voie serait anarchique. L'esclavage de la presse en ménageant des triomphes aux jésuites, pourrait exciter l'anarchie, et les ministres doivent craindre et prévenir également, l'anarchie populaire, ainsi que l'anarchie religieuse.

Qu'avons-nous à reprocher à nos ministres, sinon de se trouver dans une position des plus délicates et des plus difficiles? Je voudrais y voir le plus ultra ou le plus libéral, à coup sûr s'il voulait rester en place, il ferait comme ceux qui se maintiennent aujourd'hui dans le ministère, ou bien il serait chassé dans les vingt-quatre heures.

Les hommes d'état généralement parlant, furent

de tout temps des hommes choisis et remarquables par leur génie, leurs talens, leur habileté et leur dextérité à manier les affaires politiques. C'est par le mérite et la réputation d'hommes d'esprit, qu'ils parviennent ordinairement au poste élevé et si important de ministres, qui fait l'objet des désirs de tant d'ambitieux. En effet, indépendamment des préjugés qui leur sont propres et auxquels ils ne sont que trop souvent asservis, ils doivent encore caresser ceux des différens partis qu'ils ont promis de servir et auxquels ils doivent leur élévation; ils sont de plus obligés de respecter, jusqu'à l'adulation même, les opinions du prince qui leur accorde sa confiance et qui seul a droit de les nommer et de les renvoyer selon son bon plaisir. Tels sont les écueils qui environnent perpétuellement la carrière si épineuse des ministres d'État. Ce poste est d'autant plus glissant qu'un gouvernement qui ne devrait jamais être d'aucun parti, se livre au contraire exclusivement à la merci d'un seul, et se soumet honteusement au joug et à l'influence de ce parti.

Les ministres, ainsi que les gouvernemens, font une grande faute de se livrer à un parti; ils doivent au contraire les comprimer et profiter du conflit des opinions pour les diriger tous et s'en éclairer.

Quant un parti dominant est parvenu à asservir un gouvernement, toutes les places sans exception sont aux enchères au profit de ce parti, et ceux-là seulement qui lui sont le plus dévoués obtiennent la préférence. Alors les opinions de ce parti prévalent sur les opinions et la conscience d'un chacun ; c'est de là qu'est née la corruption, l'hypocrisie et l'infâme morale des intérêts, dont les jésuites de tout temps et aujourd'hui les *pères de la foi*, profitèrent avec un si grand avantage.

Lorsqu'un gouvernement est asservi par une faction, par une secte, il cesse d'être libre, et par conséquent les ministres d'État en perdent également leur liberté. Dans cet état des choses, on le demande, la *responsabilité ministérielle* est-elle admissible ? non sans doute, elle serait même injuste. Cependant elle est d'une nécessité absolue dans un gouvernement bien réglé et surtout dans un gouvernement représentatif; mais aujourd'hui le jésuitisme n'aime pas plus le gouvernement représentatif que la *Charte*: il n'aime que le gouvernement absolu.

Il n'est pas possible, cependant, de se passer de la *responsabilité ministérielle*. Comment serait-il possible de poursuivre les prévarications des agens de l'autorité? Ne voit-on pas, en effet, les plus grands abus se renouveler, se perpétuer, faute de mettre en vigueur la *responsabilité ministérielle?* Combien de dilapidations excessives, combien de dépenses scandaleuses n'ont-elles pas été faites sous le couvert de l'autorité ministérielle, et avant d'être votées par les chambres? Les pouvoirs qui ont consenti malgré elles à ces dépenses, croient s'être acquittés envers la nation, par des réclamations impuissantes: mais toujours ils finissent par donner un assentiment, en quelque sorte stupide, à des guerres injustes ou du moins sans un résultat heureux, telles que la guerre d'Espagne; ainsi qu'à des dilapidations criminelles et ruineuses pour l'État. Le vol cependant est constant, les voleurs sont connus, mais leur nombre est trop grand, et parmi eux il en est de trop puissans qui ont abusé de la confiance de plus puissans encore. L'impunité leur est acquise, les mesures répressives ne sont pas même proposées pour punir le vol fait à la chose publique; des procès insignifians sont intentés pour la forme, ils s'éteignent avec le temps, et se terminent pour ainsi dire à l'amiable, tandis que les grands complices du brigandage se partagent tranquillement les dépouilles du peuple.

Tels sont les effets de l'influence pestilentielle jésuitique, qui a envahi, qui a aveuglé les pouvoirs législatifs et fait taire la surveillance des ministres. Est-il difficile maintenant de deviner comment les ministres d'État éludent, avec tant de facilité, la *responsabilité ministérielle* qu'on voudrait faire peser sur eux? Si on y réfléchit, ils ont raison; car, diraient-ils s'ils l'osaient, où est notre point d'appui dans un gouvernement qui a une tendance continuelle à devenir absolu ? N'ont-ils pas pour excuse la dépendance dans laquelle ils se trouvent asservis ? Ne sont-ils pas obligés d'obéir à cette puissance occulte qui semble ne siéger nulle part et domine partout, à cette secte jésuitique et ultramontaine des *pères de la foi*, qui intime des ordres impératifs auxquels tous les ministres d'État doivent déférer, sous peine d'être renvoyés ?

Les ministres peuvent donc conclure qu'il est d'une indispensable nécessité de leur laisser partager avec le prince, l'*irresponsabilité*, qui cependant ne devrait être que l'attribut de la souveraineté.

En considérant la position actuelle du ministère en France, et les qualités personnelles des ministres, c'est bien en vain qu'on leur saurait mauvais gré d'avoir obtenu leur existence ministérielle à des conditions qui leur répugnent à eux-mêmes. Après tout, ils savaient bien qu'ils ne pouvaient y parvenir qu'au prix de leur liberté. Du reste, qui oserait avec justice leur reprocher de manquer de génie? Tous sont hommes d'esprit, grands orateurs et remplis de talens. Mais bientôt ils se lasseront de jouer le rôle de créatures serviles de l'infâme société des jésuites régicides ultramontains, ennemis implacables des libertés de l'église gallicane. Ils savent bien que cette secte orgueilleuse et intolérante, ne balancerait pas à sacrifier un ministre qui oserait broncher; et quoique fils adoptif, *congréganiste* ou *jésuite de robe-courte*, elle le sacrifierait à l'instant tel : *Saturne* qui dévorait ses enfans.

Nos hommes d'État doivent donc avoir un vif regret d'être forcés d'abandonner l'Espagne à ses horreurs, sans y porter un remède efficace. Ils sont également obligés de ne jouer qu'un rôle équivoque dans l'importante révolution de la Grèce, qui doit amener de si grands résultats dans la politique de l'Europe. Il en est de même du grand mouvement de l'Amérique, auquel nos ministres semblent craindre de prendre une part active et utile pour notre commerce. Ils se laissent enfin accuser d'impéritie, parce qu'en effet les apparences sont contre eux. Je suis, en cela, bien éloigné d'être du nombre de leurs accusateurs. *Haïti* témoigne en leur faveur, et décèle les principes d'une saine politique; et ces principes restent comme enfouis, et sont encore comprimés par le jésuitisme.

Qui sait? nous possédons peut-être un *Canning*, et nous l'ignorons. Tous les ministres les plus habiles de l'Europe, s'ils pouvaient être appelés au ministère français, viendraient y échouer devant la jacobinière des hypocrites de *Mont-Rouge*.

Les injustes interprètes des réflexions franches que j'expose dans le présent écrit, m'accuseront peut-être d'avoir pris un ton ironique; mais j'en appelle aux hommes les plus pénétrans, ils sauront apprécier la pureté de mes intentions.

Si j'ai salué notre premier ministre du nom de *Canning*, l'un des plus grands hommes d'état de nos jours, l'éloge, quoique prématuré, n'est point dérisoire de ma part. Celui-là, depuis la restauration, surpasse, par la force de son génie et par la générosité de son caractère, tous les ministres qui l'ont précédé. Je ne puis m'empêcher d'admirer sa grandeur d'âme; car il n'a encore répondu que par un noble silence, au torrent d'injures grossières qui a débordé de toute part sur son ministère. La vengeance, si facile à l'homme puissant, semble n'être jamais entrée dans son cœur, car elle n'est l'apanage que de la petitesse et de la méchanceté. A-t-il jamais poursuivi un seul de ces nombreux écrivains qui l'accablèrent de tant de brochures, de tant de pamphlets et de satires rimées? Il fait bien voir que ce n'est pas lui, ni le ministère, qui réclament des mesures inquisitoriales; mais c'est, au contraire, le parti fanatique ignacien qui voudrait envahir l'imprimerie et la librairie, et poursuivre avec fureur les prétendus crimes de la presse. Ce que je dis ici le déjouerait sans doute plus que les reproches de ses détracteurs; mais la vérité, je l'espère, triomphera. D'ailleurs pourrait-il jamais être tel qu'il doit être, tant qu'il aura à lutter contre cette faction orgueilleuse et anarchique des *pères de la foi?*

A la tribune, le premier ministre ne s'y montra jamais embarrassé, toujours il y conserva cette présence d'esprit et cette éloquence qui le rendirent constamment imperturbable dans les discussions les plus chaudes et les plus épineuses. Peut-on lui reprocher de certaines expressions irréfléchies, que des ministres, à d'autres époques, ont dû bien regretter d'avoir laissé échapper, tels les mots, *jamais*, et *arbitraire?*

En politique, personne, ce me semble, n'a encore deviné le premier ministre comme étant destiné, par la force de son génie, à replacer la France au premier rang qui lui est dû, et dont elle est véritablement déchue. Il est enfin capable d'égaler le grand homme d'État qui est à la tête du cabinet britannique, et en devenir l'émule et non l'antagoniste.

En finance, je veux bien m'exposer à passer pour un esprit *paradoxal*, en assurant qu'aucun écrivain, que je sache, pour ou contre les opérations financières du premier ministre, n'a encore compris le véritable but de son système, qui n'est qu'apparent. C'est ce que je m'engage à démontrer d'une manière qui étonnera peut-être. L'écrit dans lequel je voudrais m'expliquer à ce sujet, n'est pas encore commencé, et probablement je ne m'en occuperai jamais, car, ainsi que je l'ai annoncé au commencement de la présente Notice, je ne me mettrai à l'œuvre qu'après l'heureuse issue, si elle a lieu, du procès intenté contre le *Constitutionnel* et le *Courrier*.

CHAPITRE III.

De la comédie et des comédiens chez les païens et chez les chrétiens.

C'est dans l'intention de repousser les injustes soupçons élevés par *M. de Sénancourt* contre la pureté de mes intentions, que je vais ici présenter au public, un résumé succinct des faits historiques, et une analyse rapide des principaux raisonnemens que j'ai mis en œuvre pour défendre la cause des Comédiens français. Si on désirait de plus grands détails à ce sujet, je renvoie le lecteur à l'ouvrage même (1) qui a été attaqué.

Les comédiens de tout temps furent assez souvent auteurs et acteurs à la fois. Ils récitaient et représentaient des pièces de théâtre,

---

(1) DES COMÉDIENS ET DU CLERGÉ, etc., in-12 de 427 pages. Paris, 1825, chez Dupont, libraire, rue du Bouloy, n° 24, et chez Delaunay, libraire, au Palais-Royal, galeries de Bois, n° 243.

la plupart tragiques et imaginaires, dans lesquelles ils peignaient de grandes actions; ils en composaient des tableaux frappans, capables d'émouvoir leurs spectateurs. C'est en empruntant principalement leurs sujets de la fable, qui leur offrait un paradis et un enfer, que les comédiens de l'antiquité, trouvaient si facilement, dans le séjour céleste des dieux du paganisme, et dans le royaume infernal de Pluton, un merveilleux surnaturel propre à relever et agrandir les objets. Ils plaçaient enfin sur leurs théâtres trois sortes de personnages, savoir, des hommes, des dieux, et des êtres fantastiques ou allégoriques.

Des prêtres du christianisme, pendant plusieurs siècles, n'en ont-ils pas fait tout autant? Ne se donnèrent-ils pas en spectacle sur des théâtres où ils jouaient la comédie, ainsi que dans les processions, dans les danses et dans les farces scandaleuses et obscènes, au milieu desquelles trop souvent ils profanaient nos plus saints mystères?

Les jésuites, de tout temps grands comédiens de religion et de vertu, furent également amateurs de comédie. Ils faisaient construire des salles de spectacle dans leurs principaux collèges. Ils y inspiraient à leurs écoliers le goût du théâtre, et dès l'âge le plus tendre ils les faisaient monter sur les planches, et ils y montaient eux-mêmes pour y jouer la comédie.

Telle a été la conduite des jésuites jusqu'à l'époque de leur destruction. Assurément il n'est jamais venu à la pensée du clergé de France de frapper les disciples de Loyola d'excommunication, ni de fulminer contre eux les canons et décrets des conciles d'*Elvire* et d'*Arles*, concernant les gens de théâtre. Pourrait-on s'en étonner? Les jésuites ne faisaient-ils pas trembler eux-mêmes les rois et les souverains pontifes? N'exerçaient-ils pas une suprématie orgueilleuse sur le clergé séculier?

Si on veut connaître les processions licencieuses, les farces indécentes et les représentations profanes que les jésuites se permirent à diverses époques, on pourra en prendre connaissance dans le livre *des Comédiens et du Clergé*, aux pages 136, 142, 143 et 144. On y remarquera, entre autres, qu'ils voulurent, dans l'une de leurs processions, tourner en ridicule un des plus célèbres pères de l'église, ainsi que ses disciples, parce qu'ils sont les *défenseurs de la grâce*. Je veux parler de *saint Augustin*.

Nous démontrerons bientôt que les conciles d'Elvire et d'Arles, que nous venons de citer, ne sont plus applicables aux comédiens français, et nous ferons connaître les décisions des papes à l'appui de nos assertions.

Nous allons citer encore au nombre des comédiens les *clercs de la Basoche*, qui s'étaient rendus recommandables depuis long-temps par leurs poésies. Il s'étaient constitués *vrais comédiens*, en obtenant la permission de jouer leurs ouvrages, qui étaient déjà connus sous le nom de *pièces de moralité*. Dans ces pièces, ils y personnifiaient les vertus et les vices. Ils y joignirent des farces, qui étaient des pièces satiriques contre des personnages respectables par le rang et la naissance. Leur théâtre fut établi en 1580, sur la *table de marbre* dans la grande salle du palais, et jamais les clercs de la Basoche ne furent excommuniés pour avoir joué la comédie.

Nous ajouterons, en passant, que dans l'antiquité, comme chez les modernes, la profession de comédien eut également des attraits pour les nobles ou gentilshommes. Sans entrer dans de grands détails à ce sujet, je me contenterai de citer *Favo*, noble Romain, vivant en l'an 81. Il exerçait la profession de bateleur. C'est lui qui représenta *Vespasien* aux funérailles de cet empereur ; et, selon la coutume de ces temps-là, il en joua le personnage en imitant et en contrefaisant les paroles, les gestes, les mœurs et les inclinations de ce prince.

Dans l'histoire, les *troubadours*, pour la plupart gentilshommes, étaient aussi de vrais comédiens ambulans, qui se faisaient une gloire, ainsi que les *clercs de la Basoche*, dont nous avons parlé plus haut, de représenter eux-mêmes leurs poésies. Par ce moyen ils introduisirent en France le goût de la comédie et du chant.

On pourrait encore citer un grand nombre de gentilshommes qui, jusqu'à nos jours, par goût encore plus que par nécessité, se vouèrent à la profession de comédien, qui d'ailleurs avait obtenu le privilége extraordinaire et bien remarquable de ne point déroger à la noblesse. Or, on n'a jamais vu de gentilshommes excommuniés pour avoir joué la comédie et en avoir exercé la profession.

Ce qui a été dit plus haut sur la corruption des prêtres comédiens, est prouvé par les canons des conciles de *Carthage*, de *Mayence*, de *Tours*, de *Reims*, de *Châlons-sur-Saône*, etc., qui défendaient au clergé de jouer la comédie et d'assister à des représentations théâtrales. Cela est encore attesté par l'histoire inexorable, cet épouvantail de l'hypocrisie, et qui déplaît tant à la bigoterie fanatique et ignorante.

Il est donc prouvé que des moines et des prêtres, ainsi que des évêques et des archevêques, exercèrent en quelque sorte l'art du comédien; mais plus souvent comme amateurs, pour leur plaisir.

Le clergé, à des époques plus ou moins reculées, en donnant lui-même l'essor à des comédies, la plupart licencieuses et de mauvais goût, était bien éloigné de se montrer rigoriste envers les comédiens dont, en quelque sorte, il partageait la profession. C'est alors qu'à l'exemple des païens les prêtres employaient les mêmes ressorts, pour émouvoir puissamment leurs spectateurs, à l'exception cependant qu'ils puisaient le sujet de leurs compositions dans les vérités de la révélation.

C'est dans les farces indécentes et dans les danses souvent obscènes que le clergé, alors ignorant et fanatique, faisait intervenir la caricature de toutes sortes de personnages, sans en excepter le Père éternel, son fils J. C., le Saint-Esprit, la Sainte-Vierge, les saints, les démons, et des hommes chargés quelquefois des rôles les plus profanes.

Ce que je viens d'exposer sommairement sur les prêtres qui ont joué la comédie, dont on trouve la preuve et les détails dans le livre *des Comédiens et du Clergé*, n'aurait pas dû irriter la susceptibilité de M. de Sénancourt. C'est bien à tort qu'il y découvre une tendance coupable. Il lui est bien libre, sans doute, d'avoir une opinion à cet égard, mais son opinion ne peut jamais constituer un crime, un délit; cependant, si M. de Sénancourt était un juge, son opinion serait homicide, elle constituerait une peine, une punition plus ou moins grave. Cette opinion sur la tendance est donc purement inquisitoriale, ou du moins elle a une tendance à ramener l'inquisition, dont les conséquences inévitables sont les vexations, les persécutions, les arrestations, les assassinats judiciaires, et enfin la torture et les bûchers.

M. de Sénancourt, et la chose est claire, voudrait m'accuser de porter atteinte aux choses saintes, d'exciter la haine contre les ministres de l'autel, et nuire à la religion. Il lui répugne que je professe moi-même du respect pour cette même religion ; car, suivant lui, ce respect n'est qu'une vénération apparente. Il préférerait de ma part des attaques inconvenantes et irrespectueuses qui tourneraient en ridicule notre sainte religion, afin d'avoir sans doute la douce jouissance si jésuitique, de me voir condamné comme sacrilége.

M. de Sénancourt me fait donc un reproche sérieux de raconter historiquement les excès de prêtres ignorans, fanatiques et superstitieux, qui autrefois déshonoraient le caractère sacré dont ils étaient revêtus. Cette publication ne déplaît qu'aux prêtres corrompus, qui veulent imposer silence à leurs surveillans pour obtenir l'impunité. C'est par cette raison qu'ils portent tant de haine à la liberté de la presse.

Que dirait donc *M. de Sénancourt*, si je venais à réclamer contre un scandale évidemment nuisible à la religion et qui depuis trop longtemps subsiste aux yeux de tous les Parisiens, et excite la désapprobation et le dégoût? On voit en effet, dans l'une des cures les plus importantes de Paris, et qui a l'honneur d'être la paroisse de notre auguste souverain, un curé dont la réputation est attaquée de la manière la plus virulente et qui néanmoins ne s'est pas encore justifié dans l'opinion publique. Il est accusé, comme parjure et faussaire, d'imposture et de mensonge. Son accusateur prétend prouver que ce prêtre a spéculé sur les malheurs d'une auguste victime de la révolution (1), et qu'au

---

(1) Ceux qui voudraient connaître les accusations graves qui pèsent sur la réputation de M. Magnin, curé de Saint-Germain-l'Auxerrois, peuvent lire :

1°. *La fausse communion de la Reine*, soutenue au moyen d'un faux, etc., in-8° de 24 pages. Paris, 1824, chez Pichard, libraire, quai Conti, n° 5, et Pélicier, place du Palais-Royal.

2°. *Mémoire au Roi*, sur l'imposture et le faux matériel de la conciergerie, etc., in-8° de 30 pages. Paris, 1825, chez Pichard et Pélicier.

3°. *Mémoires secrets et universels* des malheurs et de la mort de la reine de France, par *M. Lafont d'Aussonne*, auteur de l'Histoire de madame de Maintenon, et de la cour de Louis XIV, in-8° de 432 pages. Paris, 1825,

7

moyen d'un faux matériel, il en a tellement imposé, qu'il est parvenu d'abord, à certains époques, de ramasser à son profit d'abondantes aumônes; et profitant d'un crédit usurpé, il aurait enfin obtenu l'une des meilleures cures de Paris, qui n'aurait dû être confiée qu'aux talens et à la science, unis à la vertu.

Je ne me range point parmi les accusateurs de M. le curé de Saint-Germain-l'Auxerrois; mais de deux choses l'une, ou ce curé est coupable et il est indigne du poste qu'il occupe, ou il est innocent et alors son caractère sacré lui impose l'obligation de prouver publiquement et authentiquement son innocence, de la manière et sous telle forme que le jugeront convenables ses supérieurs. En attendant il doit s'éloigner de son emploi, sous peine d'être violemment soupçonné du crime de faux; telle est la conduite qui devrait lui être imposée tant que l'accusation d'imposture pésera sur son front ridé, qui jusqu'alors repousse la vénération et le respect qui sont dus au poste qu'il occupe.

---

chez *Petit*, libraire, au Palais-Royal, galeries de bois, n° 257, et chez Pichard, quai Conti, n° 5.

M. *de Sénancourt* va me dire encore que c'est nuire à la religion et exciter la haine contre les prêtres, que de dévoiler leur inconduite et leur corruption; et moi je lui répondrai que c'est précisément ce fatal principe qui a le plus nui jusqu'à présent à la religion et au respect qu'on doit aux bons prêtres. M. *de Sénancourt* ne sait donc pas que ce principe qu'il professe, se trouve inscrit positivement et clairement dans les constitutions de l'infâme société des jésuites dont on ne saurait trop dévoiler les doctrines fausses et horribles ainsi que tant d'auteurs l'ont prouvé et pour ainsi dire inutilement, tant est grande leur influence!

Il n'est donc pas étonnant que les pères de la foi aient conçu une haine si violente contre cette précieuse liberté de la presse, vrai palladium de la morale politique, de la morale religieuse et de la morale particulière. Ils ne savent que trop combien cette liberté de la presse est capable de dévoiler leurs menées et leurs séductions et combien la publicité des désordres qu'ils répandent de tous côtés s'oppose à l'impunité à laquelle ils aspirent. Leur esprit d'indépendance s'irrite toutes les fois qu'on leur oppose une digue pour arrêter les progrès de leurs entreprises fanatiques et audacieuses, qui, sans cesse, troublent l'ordre social.

C'est donc en affectant un rigorisme anarchique, que ces hypocrites non-seulement nuisent essentiellement à la religion, mais ils insultent encore à l'autorité séculière qui veille au maintien de la tranquillité publique et qui protége, autorise, paie et honore les comédiens.

Pourquoi voudrait-on qu'une juste surveillance sur les ecclésiastiques prévaricateurs et fanatiques, recélât une intention irréligieuse? Cette surveillance ne peut réellement faire tort aux bons prêtres qui professent la charité évangélique en dépit de la funeste influence anti-chrétienne, que les disciples de Loyola exercent aujourd'hui. Les ministres des autels qui se rendent recommandables par une piété éclairée, sont présentement plus nombreux qu'on ne le pense : en effet depuis le rétablissement du culte et surtout depuis la restauration, le zèle des chrétiens, ranimé par les pieuses exhortations des prêtres, s'est tellement accru, qu'on voit les fidèles remplir les églises à l'heure des offices, et entendre les prédicateurs avec une attention vraiment exemplaire.

CHAPITRE IV.

Du Clergé considéré comme protecteur et fondateur des Comédiens du troisième âge en France, et comme en ayant lui-même exercé la profession.

Si on veut se donner la peine de lire le livre intitulé *des Comédiens et du Clergé*, on y verra que les ecclésiastiques furent autrefois les instigateurs, les protecteurs, les co-associés, et en quelque sorte les fondateurs des comédiens du troisième âge, et qu'ils en exercèrent la profession.

Ces comédiens du troisième âge furent, dans l'origine, des pélerins de la Terre-Sainte, qui, à leur retour, chantaient par les rues des cantiques de leur composition, sur la passion de Jésus-Christ, sur les prodiges opérés au saint sépulcre et ailleurs, et en général sur les choses extraordinaires et merveilleuses dont ils prétendaient avoir été témoins pendant le cours de leurs longs voyages, et dont ils offraient la représentation sur des espèces de tableaux.

Les pélerins devinrent tellement à la mode, que des personnes riches et charitables leur prodiguèrent des soins, et firent dresser des tréâtres sur lesquels ces pieux comédiens représentaient tantôt quelque chrétien martyrisé, tantôt les miracles les plus étonnans, opérés par le pouvoir de Dieu ou par l'intercession des saints, et enfin les mystères de notre religion.

Après avoir acquis une sorte de célébrité et beaucoup de crédit à la cour et parmi le peuple, nos pélerins parvinrent à s'ériger en société, sous le titre de confrères de la passion de Notre-Seigneur, et ils obtinrent non-seulement l'approbation et la protection de l'autorité temporelle, mais encore la bienveillance et l'appui spécial du clergé séculier et régulier. Ces sortes de comédies étaient pour la plupart représentées dans les églises mêmes, ou sur des théâtres construits dans des couvens de moines; c'est là que des ecclésiastiques de tous grades intervenaient comme acteurs dans ces représentations religieuses, ainsi que dans ces fameuses processions trop souvent licencieuses, quelquefois obscènes et n'offrant que des farces du plus mauvais goût.

Je ne répéterai pas ici les détails dans lesquels

je suis entré à cet égard dans l'ouvrage intitulé *des Comédiens et du Clergé*, auquel je renvoie le lecteur qui désirerait les y vérifier.

Les prêtres et les évêques voudraient-ils aujourd'hui appeler l'opprobre et l'excommunication sur ceux auxquels ils donnèrent l'existence, et, nous le répétons, sur ceux avec lesquels ils fraternisèrent au point de monter avec eux sur les théâtres? C'est à la vue de tous les fidèles qu'autrefois ils aidèrent les comédiens de tout leur crédit, de toute leur affection, et aujourd'hui, par un mouvement rétrograde, si contradictoire avec leur conduite passée, ils prétendraient frapper d'anathème ceux qui jouissaient de leur protection!

Quoi! sans faire attention que les théâtres sont protégés par les gouvernemens, et que la profession de comédien est approuvée par les souverains et par le pape, des prêtres rigoristes par ignorance, et entêtés par fanatisme, fulmineraient contre les acteurs une excommunication injuste en les privant des prières et des honneurs de l'église, et en leur refusant la sépulture en terre sainte!

Quelques fanatiques se croient encore aujourd'hui autorisés à en user de la sorte à l'égard des comédiens français, en vertu des conciles d'*Elvire*, d'*Arles*, de *Carthage*, de *Mayence*, de *Tours*, de *Reims*, de *Châlons-sur-Saône*, etc. Ils ne font pas attention que tous ces anciens conciles n'avaient en vue que d'excommunier les histrions, les jongleurs et autres gens obscènes qui se donnaient alors en spectacle au public.

Si on examine et si on apprécie l'intention et l'esprit des saints canons, relativement aux comédiens qui existaient dans ces temps reculés, on jugera bientôt qu'à cet égard les conciles, que nous avons déjà nommés plus haut, ne sont plus applicables aujourd'hui ni aux comédiens en général, ni aux comédiens français en particulier. D'ailleurs le pape s'est prononcé d'une manière non équivoque en faveur de ceux-là, et les prêtres rigoristes en France ne sont nullement fondés à élever des prétentions injustes contre ceux-ci.

On se convaincra facilement de ce que je viens de dire, en observant que le théâtre est maintenant épuré et qu'il est en outre protégé, autorisé, soldé et honoré par tous les gouvernemens séculiers, et que cette autorisation est sanctionnée par la manière dont le gouvernement papal en use envers les comédiens à Rome et dans toute l'Italie..

Le concile d'*Elvire* en Espagne, qui est de l'an 300, ne concernait que les histrions obscènes, et les cochers de cirque, qui entretenaient parmi le peuple toutes les idées du paganisme et rappelaient les gestes et les pantomimes des païens. Ces sortes d'histrions nuisaient essentiellement à l'établissement et à la propagation du christianisme; il suffit pour en être persuadé, de lire le soixante-deuxième canon de ce concile, où il est dit « que les cochers de cirque et les mimes qui veulent se convertir à la religion chrétienne doivent premièrement renoncer à leur métier ; et si après s'être faits chrétiens, ils venaient à exercer de nouveau leur profession, ils encourraient alors l'excommunication. »

Le concile d'*Arles* de l'an 314 prononce également l'excommunication contre les gens de théâtre de cette époque, c'est-à-dire contre les jongleurs, les bateleurs, les histrions, tous gens obscènes, ainsi qu'on peut le voir dans les quatrième et cinquième canons de ce concile.

Quant au concile de *Carthage*, il a pour but spécial d'empêcher les ecclésiastiques d'être comédiens, ni d'assister à des comédies, ainsi qu'on peut le voir dans le onzième canon du troisième concile de Carthage de l'an 397.

Si un saint concile a défendu aux prêtres de jouer la comédie, donc ils s'étaient permis de se faire comédiens. En effet, des prêtres, au mépris de la discipline ecclésiastique, non-seulement assistaient aux spectacles mondains donnés par les confrères de la passion, qui, après leurs comédies saintes, mettaient toujours quelques *farces* profanes, mais encore ils avaient eux-mêmes rempli des rôles et ouvert leurs églises pour ces sortes de représentations. A ces mêmes époques, et long-temps encore après, le clergé alliait aux cérémonies augustes de notre religion tout ce que le culte païen avait de plus odieux et de plus impur. Ils permettaient que des hommes représentant des diables et toutes les divinités du paganisme, dansant et gesticulant d'une manière scandaleuse, fissent partie inhérente de processions du saint-sacrement.

L'autorité séculière se crut enfin obligée de

mettre un terme à tant de désordres scandaleux, et, d'accord avec les lois canoniques, elle régla le sujet des pièces de théâtre, et ordonna que la scène théâtrale serait transportée hors des églises et placée dans des salles construites pour cet objet.

Les conciles de Mayence, de Tours, de Reims et de Châlons-sur-Saône, que nous avons déjà cités, défendaient également, sous peine de suspension et d'être mis en pénitence, aux évêques, aux prêtres et aux autres ecclésiastiques, d'assister à ces spectacles, où ils pourraient voir et entendre les insolences et les jeux sales et honteux des bateleurs, des farceurs, des histrions et autres gens obscènes.

CHAPITRE V.

De la protection spéciale sanctionnée par le Pape, accordée aux Comédiens du troisième âge, par l'autorité spirituelle, et par l'autorité temporelle.

Nous avons démontré que la puissance séculière, d'accord avec l'autorité spirituelle, se montrèrent également sévères contre les histrions, les cochers de cirque et les bateleurs.

Nous voyons encore *Charlemagne*, à l'instar des empereurs romains ses prédécesseurs, rendre une ordonnance, en l'année 789, qui rangeait au nombre des personnes infâmes cette espèce de comédiens histrions auxquels il n'était pas permis de tester, ni de former des accusations en justice.

Une autre ordonnance de l'an 813, du même empereur, d'accord avec les conciles, défendait aux évêques et à tous les autres ecclésiastiques d'assister à ces spectacles licencieux et à ces jeux sales et honteux des histrions.

Malheureusement le clergé catholique, dans ces temps d'ignorance et de fanatisme, se compromettait en exerçant la profession d'acteur, ou, si on veut, l'art du comédien : et cet art se trouvait avili même par les pélerins et les confrères de la passion, qui, indépendamment de leurs comédies pieuses, y joignaient des farces obscènes. On voyait en effet des prêtres, malgré leur caractère sacré et respectable, partager le blâme attaché à ceux qui jouaient des comédies licencieuses. On avait de plus à reprocher à ces derniers, des processions profanes, mêlées de danses indécentes, et d'autant plus condamnables qu'elles se faisaient en présence du saint-sacrement.

On observera cependant qu'à l'époque à laquelle les pélerins et les confrères de la Passion s'emparèrent de la scène théâtrale, de concert, pour ainsi dire, avec des ecclésiastiques, les comédiens cessèrent véritablement d'être anathématisés, et par conséquent c'est de cette époque que les acteurs n'encouraient plus l'excommunication à raison de leur profession.

On doit faire attention à ces différentes manières dont les comédiens sont considérés dans les canons et décrets des saints conciles déjà cités. Les uns, il est vrai, et ce sont les plus anciens, frappent d'excommunication les cochers de cirque, les bateleurs, les histrions et autres gens infâmes, tandis que les autres conciles plus modernes défendent aux prêtres de jouer la comédie, ainsi que nous l'avons déjà dit; et ils leur interdisent même d'y assister. Or, on trouve ici la preuve, s'il était nécessaire, qu'il y avait des prêtres comédiens, et de l'autre, que les pèlerins et les confrères de la Passion, malgré les abus qu'ils introduisirent dans leurs comédies, ne pouvaient pas être excommuniés; en effet, ils étaient trop bien protégés par le clergé lui-même : mais d'un autre côté, ils devaient être réformés et régularisés dans leur conduite, et c'est ce qui a été effectivement opéré par les gouvernemens et sanctionné par le pape.

L'autorité séculière, en protégeant les comédiens d'une façon spéciale, ne devait jamais être exposée à une résistance anarchique de la part du clergé, puisque le clergé autrefois avait également protégé les gens de théâtre, mais d'une manière moins éclairée et moins régulière. En effet, les gouvernemens agirent premièrement de concert avec les saints canons, qui défendaient aux prêtres de jouer la comédie, et ensuite ils s'appliquèrent à épurer la scène, et nos souverains transférèrent les théâtres hors des églises, et ils soumirent les comédiens français à de sages règlemens de police; ils firent construire de magnifiques salles de comédie, ils créèrent des comédiens qui furent salariés et pensionnés, ils les comblèrent de bienfaits, ils en honorèrent la profession et instituèrent une administration royale pour la régir, en portant toutes ces dépenses publiques dans le budget de l'état. Les théâtres moins considérables furent également améliorés, protégés, autorisés et salariés, et ils reçurent aussi des règlemens qui, en les plaçant sous la direction de la police, y maintinrent le bon ordre.

Le pape, en sa double qualité de souverain temporel et spirituel, adopta de pareilles mesures dans ses domaines. Il est évidemment résulté de ce nouvel ordre des choses, que la protection spéciale de l'autorité séculière en faveur des comédiens a reçu la sanction de l'autorité du souverain pontife.

Il est en effet incontestable qu'à Rome, et dans tous les états d'Italie, l'art théâtral y est autorisé, protégé, salarié et honoré. Les prêtres n'y exigent point des acteurs l'abjuration de la profession de comédien pour les faire participer aux sacremens et aux prières de l'église, et pour les admettre aux honneurs de la sépulture en terre sainte.

Le clergé italien n'admet donc point le rigorisme injuste et non fondé qu'on est en droit de reprocher à quelques prêtres fanatiques et ignorans, qui, en France, tourmentés par le désir de dominer, et pour se faire valoir, pour en imposer, et pour se faire craindre, abusent impunément du crédit qu'ils ont usurpé, pour faire éprouver de temps en temps, aux comédiens français, des affronts non mérités. Ces avanies affligent les familles, et, en ameutant le peuple, causent des troubles toujours dangereux dans l'ordre social.

Il est donc urgent que le pouvoir administratif, d'accord avec le clergé, adopte et prenne des mesures fixes et efficaces pour servir à empêcher qu'à l'avenir, des prêtres, animés d'un zèle indiscret, ne puissent, de leur autorité privée, renouveler le scandale de pareilles scènes. Il faut enfin l'avouer franchement, ce scandale est également injurieux envers le gouvernement.

Ces odieuses vexations, faites au nom d'une religion toute de paix et de charité, seraient d'autant plus accablantes, qu'elles obtiendraient l'assentiment, l'approbation même, des gouvernemens. Les principaux agens de l'autorité souveraine doivent craindre sans doute, de servir d'instrument inquisitorial pour protéger les prétentions de ce parti ambitieux, qui sait en imposer aux rois, les tromper et les effrayer.

Ce parti formidable, qui se déguise mal et siége à *Mont-Rouge*, etc., etc., a adopté pour principe invariable que l'autorité des rois est sur terre, inférieure à l'autorité sacerdotale, et que cette autorité ecclésiastique peut, dans l'intérêt de la religion, et pour la gloire de Dieu, disposer ici-bas *des trônes et de la vie des souverains*.

Pour appuyer des prétentions aussi excessives, cette secte impie et régicide, accorde encore aux prêtres le droit d'employer des anathèmes et des excommunications dont les effets sont civils, politiques ou matériels dès ce bas monde, et peuvent susciter des guerres de religion; ils se croient autorisés à employer enfin tous les moyens, même les plus criminels et les plus inhumains, pour parvenir à leurs fins.

Cette prétention odieuse, impie et hérétique, qui sur terre place la tiare au-dessus de la couronne, et dont les conséquences sont abominables, est directement contradictoire avec le précepte de Jésus-Christ, qui a dit formellement, MON ROYAUME N'EST PAS DE CE MONDE. Cette prétention dis-je, sert de base à la doctrine des régicides.

Les fanatiques, sous le règne de *l'inquisition*, ne cessèrent de prêcher cette doctrine horrible, et les *jésuites* qui se sont constitués les héritiers directs et fidèles de toutes les opinions séditieuses, anarchiques et régicides de l'infâme inquisition si abusivement appelée *saint-office*, ont également adopté, prêché et pratiqué obstinément cette doctrine diabolique du régicide, qui, aujourd'hui même, exerce ses terreurs en

Espagne. Le souverain légitime de la péninsule en recueille présentement les fruits amers. C'est le fanatisme du clergé espagnol, de concert avec le monachisme et le jésuitisme ultramontain, qui les y ont fait éclore et mûrir, en foulant à leurs pieds, non seulement la morale chrétienne et évangélique, mais encore les droits les plus sacrés de la légitimité.

Les mesures fixes que je réclame en faveur des comédiens français, ne sont point contraires au principe de la liberté des cultes. Cette liberté reconnaît sans doute une espèce d'intolérance, mais seulement en matière de dogme, de mystères et de croyances : elle autorise les prêtres de chaque religion à refuser, s'ils le jugent à propos, leurs prières et l'administration des sacremens aux religionnaires de leur croyance, qui ne se conformeraient pas aux devoirs religieux qui leur sont imposés. C'est ce que j'ai bien expliqué dans le courant de cet écrit, d'une manière assez claire et assez précise, en parlant de notre religion.

La question concernant la cause des comédiens, se trouve réduite à un seul point facile à comprendre. Il ne faut que de la bonne foi pour saisir cette question, afin de prononcer si les acteurs de comédie, eu égard à la religion, doivent être considérés à l'égal des autres citoyens et comme ayant, aux mêmes conditions, les mêmes droits aux prières et aux honneurs de l'église.

On doit encore considérer que le prêtre qui exige d'un acteur l'abjuration de la profession de comédien, témoigne par là même qu'il blâme tout-à-la-fois les gouvernemens séculiers, et le gouvernement papal, d'avoir constitué et honoré cette profession et lui avoir enfin donné une existence légale. Il faut donc en conclure, que la cause des acteurs est enfin gagnée, tant auprès du gouvernement qu'auprès des membres du haut clergé de France, qui, se distinguant aujourd'hui par leurs lumières et leur équité, se convaincront que les comédiens et la comédie ont été transférés d'une manière honorable sur nos théâtres publics par la volonté de nos rois, par les arrêts de nos parlemens, et enfin par l'approbation des souverains pontifes à Rome, chefs de l'église chrétienne, catholique, apostolique et romaine. Leurs suffrages et leur autorité doivent fixer à jamais, sur ce sujet, toutes les opinions et éteindre toutes les dissensions en matière de discipline civile et ecclésiastique.

CHAPITRE VI.

Des Comédiens français rétablis dans leurs droits civils et religieux, à raison de leur profession, et entièrement affranchis des anathèmes et des excommunications de l'Église.

Nous avons exposé précédemment, que les autorités temporelle et spirituelle se montrèrent également sévères contre les histrions, les cochers de cirque, les bateleurs et autres gens infâmes. On a vu ensuite que les puissances séculières portèrent la réforme dans les théâtres, et les régularisèrent en agissant en conformité avec la conduite des papes à l'égard des comédiens à Rome et en Italie. Il résulta de ce nouvel ordre des choses, que la profession d'acteur de théâtre devint honorable, et ceux qui l'exercèrent étant enfin protégés, salariés, pensionnés et honorés par les gouvernemens, ils rentrèrent sans opposition dans l'exercice de tous leurs droits civils, de la part des autorités séculières, et dans tous leurs droits religieux de la part de l'autorité ecclésiastique.

Voilà donc les comédiens sortis du cercle des prêtres et de l'enceinte des églises et des couvens, dans lesquels on jouait des comédies, trop souvent licencieuses et de mauvais goût, mais que les gouvernemens eurent soin de réformer et d'épurer. Ce soin en effet les regardait, parce qu'au prince seul appartient le droit d'établir et de maintenir la discipline civile, et c'est aux prêtres et aux évêques à s'y conformer et y obéir.

En lisant l'histoire du droit canonique, au chapitre de la puissance des rois, comme protecteurs des canons, on y voit que les ecclésiastiques y sont, à double titre, soumis à l'autorité séculière; premièrement en leur qualité de citoyen, qui les soumet à la puissance temporelle, comme tous les autres sujets; en second lieu, en leur qualité d'ecclésiastiques, ils sont également soumis au prince, qui, étant protecteur des saints canons et décrets des conciles, a droit de veiller sur les mœurs des ecclésiastiques, afin de s'opposer au relâchement de la discipline de l'Église.

Les comédiens avaient en conséquence cessé, et devaient naturellement cesser d'avoir rien de commun avec le clergé, à raison de la profession d'acteur de comédie, qui était de l'institution du prince, et autorisée par les lois civiles. En effet, les gens de théâtre appartiennent à l'autorité civile, et l'art théâtral est devenu légalement une profession dans l'État. Il en résulte que, non seulement à Rome et en Italie, mais encore dans tous les autres États, et par conséquent en France, la profession de comédien doit y être entièrement affranchie des anathèmes et de l'excommunication de l'Église, pourvu toutefois que les acteurs se soumettent, ainsi que tous les autres citoyens, aux devoirs de chrétien et aux pratiques de religion.

M. *de Sénancourt* ne pourra pas assurément m'accuser ici d'hypocrisie, et encore moins de chercher à décliner la juridiction ecclésiastique en matière d'excommunication, car on trouvera à la page 154 du livre intitulé *des Comédiens et du Clergé*, l'indication d'une catégorie assez nombreuse de ceux qui encourent les anathèmes et que l'église réprouve et condamne : on y verra un vaste champ ouvert au Code pénal religieux; mais au moins le comédien, en se trouvant confondu dans l'immense majorité des pécheurs de chaque catégorie, ne verra pas sa profession spécialement et uniquement frappée de l'animadversion des prêtres; il aura un sort commun avec tous les autres infracteurs des pratiques de notre religion, et ne subira pas *une spécialité outrageante* pour avoir exercé une profession dans laquelle il a eté institué, soutenu, encouragé et honoré par le prince et par nos lois. S'il en était autrement, il y aurait de la barbarie à engager des citoyens, à les exciter à embrasser un état qui les dévouerait à l'infamie et les exposerait à essuyer des outrages si affligeans pour leurs familles. Ne vaudrait-il pas mieux, pour ainsi dire, congédier tous les acteurs et détruire toutes les salles de théâtre ?

CHAPITRE VII.

De l'inconséquence de quelques prêtres ignorans envers les Comédiens, et de leur fanatisme mis en opposition avec l'autorité du pape et avec la conduite éclairée du haut-clergé et des ecclésiastiques sensés en France.

Puisque des prêtres ont rempli eux-mêmes des rôles de comédien et qu'ils ont aidé à la propagation de cette profession, n'est-il pas inconséquent à eux de frapper d'anathème ce qu'ils ont fait naître, ce qu'ils ont voulu, ce qu'ils ont en quelque sorte créé?

Non, il n'est pas possible que l'église ferme les yeux sur la conduite de quelques prêtres fanatiques et ignorans; elle ne peut pas autoriser ce rigorisme injuste envers les comédiens. Elle s'exposerait au reproche d'agir à cet égard avec deux poids et deux mesures. Les faits sont là pour s'en convaincre.

Nous intervertirons ici l'ordre chronologique pour un fait seulement, et nous rappellerons qu'en 1820 un jeune acteur du théâtre de la Gaîté se suicida. L'évêque de Versailles le reçut dans le sein de l'église, et fit faire pour lui les dernières prières. Ce fait authentique est consigné dans les gazettes du temps, et il est cité à la page 163 du supplément de la grande Biographie dramatique, 1 volume in-16; Paris, 1825, à la librairie française et étrangère, Palais-Royal, Galerie de Bois, n° 233.

Mais remontons au temps de *Molière* dont le cadavre éprouve le refus de sépulture en terre sainte de la part du curé de Saint-Eustache, tandis que le curé de Saint-Joseph la lui accorde.

Molière, le plus parfait de nos poètes comiques, et l'un des plus célèbres comédiens qui aient honoré la scène, était coupable d'un crime irrémissible aux yeux du fanatisme, *il a fait Tartufe*, et les hypocrites, présens et futurs, ne le lui pardonneront jamais. Son corps en effet fut repoussé de l'église, tandis que cinq acteurs de réputation furent enterrés sans opposition en l'église Saint-Sauveur, à Paris. Trois autres comédiens non moins fameux furent inhumés en l'église des Grands-Augustins, et plusieurs d'entre eux avaient exercé leur profession pendant plus de cinquante années. Si on veut apprendre le nom de ces acteurs on les trouvera aux pages 161 et 162 du livre *des Comédiens et du Clergé*.

Molière est persécuté et proscrit par des prêtres et des jésuites, et ce sont des jésuites et des prêtres et des évêques qui lui font les plus belles épitaphes pour le venger des injustices qu'il éprouve.

J'ai rapporté dans le livre précité, page 162, l'épitaphe de *Molière* par le *père Bouhours* (1), l'un des jésuites les plus savans de son temps. Il est auteur de la vie de deux autres fameux jésuites *saint Ignace de Loyola*, fondateur de son

---

(1) BOUHOURS (*Dominique*), né à Paris, en 1628. Jésuite à seize ans, mort en 1702. C'est de lui qu'on a raconté, qu'étant près de mourir il dit à ceux qui étaient présens, *Je m'en vas* ou *je m'en vais; car*, ajouta-t-il, *l'un et l'autre se dit*. On est porté à croire que c'est probablement une mauvaise plaisanterie qu'on a prétendu faire sur son exactitude grammaticale.

ordre, et *saint François-Xavier* son successeur. On doit remarquer que c'est l'historien du grand *saint Ignace* qui a proclamé le mérite de *Molière*, en disant : « *Les Français rougiront un jour de leur ingratitude envers cet auteur et ce comédien célèbre.* »

Le vénérable évêque d'Avranches, M. *Huet* (1), sous-précepteur du dauphin, crut aussi devoir payer un juste tribut d'éloge à la mémoire du père de la comédie française.

Louis XIV, en parlant de Molière, l'appelle le législateur des bienséances du monde, et le censeur le plus utile des ridicules de ses sujets.

Des prêtres proscrivent les théâtres et les co-

---

(1) HUET (*Pierre-Daniel*), né à Caen, en 1630. Évêque d'Avranches, en 1685. Ce fut en 1670 que Bossuet, ayant été nommé précepteur du Dauphin, Huet lui fut adjoint, en qualité de sous-précepteur. Il mourut en 1721, chez les Jésuites de la maison professe à Paris. Les travaux de l'épiscopat n'avaient pu ralentir ses travaux littéraires. Continuellement enfermé dans sa bibliothèque, il faisait répondre à ceux qui venaient lui parler d'affaires, qu'il étudiait. *Eh! pourquoi*, disait-on, *le roi ne nous a-t-il pas donné un évêque qui ait fait ses études?*

médiens, et c'est le *cardinal le Moine*, prince de l'église, légat du pape, qui acheta l'hôtel de Bourgogne, à Paris, pour le donner aux premiers comédiens qui parurent en ce royaume.

C'est le cardinal de Richelieu, ce célèbre ministre d'état, prince de l'église apostolique et romaine, qui, en accueillant la troupe de *bouffons* qui venait se fixer à Paris, fit, aux comédiens qui voulaient s'y opposer, cette belle réponse, *qu'il ne fallait jamais condamner personne sans l'entendre;* et il usa de son autorité pour faire recevoir cette troupe de bouffons à l'hôtel de Bourgogne.

Nous voyons encore *l'abbé Perrin* devenir directeur de l'Opéra, à Paris, en 1669 jusqu'en 1672. Voilà donc un ecclésiastique directeur des acteurs, des actrices et des danseuses de l'Opéra. Cependant le clergé de France n'y trouvait pas de scandale sans doute, puisqu'il n'a point lancé des anathêmes contre un de ses membres qu'il ne trouvait pas coupable; et il voudrait encore aujourd'hui frapper des hommes qui n'exercent la profession de comédien que par la volonté du prince, et en vertu des arrêts de nos parlemens!

Notre clergé emploierait donc, dans l'action de ses lois pénales, deux poids et deux mesures.

Si le clergé de France persiste à vouloir excommunier les gens de théâtre, et si des prêtres leur refusent les prières et la sépulture en terre sainte, ils se trouvent, ainsi que nous l'avons déjà dit, en contradiction manifeste avec le souverain pontife à Rome, qui protège les comédiens sans les excommunier, et dont les prédécesseurs eux-mêmes ont fait élever à grands frais des théâtres qui font l'amusement de la capitale du monde chrétien.

On compte à Rome au moins huit théâtres, où l'on rencontre journellement des ecclésiastiques, des moines et des prélats qui assistent aux représentations théâtrales.

Le souverain pontife tolère donc, non-seulement les spectacles, mais il les institue, mais il les protège; mais les prêtres, les prélats et toute la population de la cité en remplissent les salles, et les acteurs ne sont point excommuniés.

Quant à la défense qui empêche les actrices à Rome de monter sur le théâtre, et veut qu'elles soient remplacées par de *jeunes cas-*

trats, habillés en femmes, ce reproche est plus sérieux. Il n'est pas nécessaire de m'en occuper. Ce reproche sort de la question que je me suis proposée, et je n'en ai dit que quelques mots à la page 170 du livre *des Comédiens et du Clergé*. J'y renvoie le lecteur; chacun pourra y juger par lui-même, s'il ne vaudrait pas mieux réformer cette coutume, qui est un opprobre pour l'humanité et un deuil pour la nature.

CHAPITRE VIII.

Actes de fanatisme et avanies exercés par quelques prêtres, contre des Comédiens français.

Par quel délire des hypocrites, des fanatiques, *des murailles blanchies*, se permettent-ils d'abuser d'un crédit qu'ils usurpèrent ? De quel droit, suivant leur caprice, refusent-ils la sépulture et les prières de l'église, à des chrétiens paisibles qui ne sont point en faute ? Pourquoi prétendraient-ils, contre toute justice et en dédaignant les formes prescrites par l'église, exercer contre des citoyens et sans l'aveu du prince, une action publique, une punition et un déshonneur sensibles, qui affligent les familles, qui mettent le peuple en émotion et troublent l'ordre public ? Ces prêtres orgueilleux frappent de réprobation des comédiens, à raison de leur profession d'acteur de comédie, et ils feignent d'ignorer que ces citoyens sont autorisés à exercer leur art sous la protection de l'autorité ecclésiastique et séculière ; mais Dieu vous désapprouve et il vous frappera lui-même, *percutiet te Deus, paries dealbate.* (Act. Apost., chap. XXIII, vers. 3.) C'est l'apôtre saint Paul et l'évangéliste saint Luc qui ont prononcé votre condamnation.

Les prêtres devraient savoir enfin que la police des théâtres, est uniquement dépendante de l'autorité séculière. Ils devraient encore faire attention, que blâmer et anathématiser ce que la loi et le prince autorisent, récompensent et honorent, c'est tout à la fois manquer de respect au prince et à la loi. Ce reproche est d'autant plus fondé, que la conduite de ces prêtres si mal conseillés, est en contradiction manifeste avec l'autorité temporelle de notre gouvernement, et avec l'autorité spirituelle du pape, ainsi que je l'ai déjà démontré dans le courant de cet écrit.

Les acteurs de théâtre, honorés et honorables, sont entièrement assimilés à tous les autres citoyens; nous l'avons prouvé, et par conséquent, ils ne doivent pas être traités par l'Église, plus sévèrement que ces derniers. Pourquoi donc des ecclésiastiques, poussés par un zèle faux et si peu éclairé, méconnaîtraient-ils à ce point leurs devoirs? Pourquoi sont-ils pour la plupart si ignorans et si peu instruits dans les matières théologiques? s'ils en eussent fait une étude particulière, s'ils les eussent méditées en s'éclairant au flambeau de la morale évangélique, et en se réchauffant au foyer divin de la charité chrétienne, ils ne commettraient pas si souvent des fautes qui leur sont inspirées par l'orgueil, et ils ne feraient pas de fausses applications des saints canons et décrets des conciles. Par quels motifs voudraient-ils faire éprouver aux comédiens, à des époques plus ou moins rapprochées, des outrages non mérités? Ces avanies, je le répète, affligent tous les hommes sensés, mettent la désolation dans les familles, produisent le mécontentement général, et causent parmi le peuple, des attroupemens toujours dangereux.

Ne voulant point donner plus d'étendue à ma réponse, déjà trop longue, à *M. de Sénancourt*, je me dispenserai de citer plusieurs exemples trop fréquens, de ces refus de sépulture, qui, sans profit pour la religion, toujours ne causèrent que trouble et scandale.

Il semblerait que certains fanatiques, voulant se rendre importans et se faire craindre, font parade d'un faux zèle, qui est si indiscret et si orgueilleux, qui ne produit que du scandale et nuit essentiellement à la religion. C'est ce que nous avons vu, il n'y a pas long-temps, à l'occasion du décès d'un acteur (1), et c'est à cet événement qu'est due la composition du livre intitulé *des Comédiens et du Clergé*. Le présent écrit en est la suite. C'est à M. de Sénancourt

---

(1) *E. Philippe de la Villenie*, artiste du théâtre de la Porte-Saint-Martin, mort à Paris, le 15 octobre 1824, d'une attaque d'apoplexie foudroyante. On connaît les scènes tumultueuses qui eurent lieu dans Paris, par le refus que fit le curé de Saint-Laurent, de faire la présentation du corps à l'église. Cet acte de fanatisme a fait naître de nombreuses réflexions, et les qualités recommandables que *Philippe* unissait à la vertu de la bienfaisance qu'il pratiquait sans ostentation, repoussent les calomnies que des hypocrites, qui foulent à leurs pieds la charité chrétienne, se sont permis de débiter sur les circonstances de la mort de cet acteur. Ces circonstances me sont connues, et je les publierai s'il est nécessaire.

qu'on doit être redevable de ce supplément qu'a fait naître l'attaque injuste de ce critique qui s'est attaché à me calomnier avec une malignité toute jésuitique.

Le rigorisme ambitieux et ignorant qui frappa d'anathème le cadavre de l'acteur que nous venons de désigner, faillit troubler la tranquillité publique en ameutant le peuple. Chacun, de toute part, exprimait son mécontentement; on voyait la foule irritée grossir à vue d'œil, de moment en moment, et l'agitation générale faisait craindre de voir renouveler les désordres et les scènes scandaleuses que produisirent toujours les refus de sépulture. Le fanatisme goûtait sans doute cette douce jouissance que lui fait éprouver le trouble qu'il excite et sur lequel il fonde son importance; mais heureusement le gouvernement, dans sa sagesse, prévint les funestes effets que l'intolérance indiscrète du curé de Saint-Laurent devait produire. Il ne fut employé dans cette circonstance que des mesures de police ordinaires; l'indulgence et la douceur y présidèrent. Le trouble ne fut point envenimé par ces sortes d'agens provocateurs, d'invention jésuitique, et ne fut suivie d'aucune mise en jugement.

Désormais, et il faut l'espérer, le parti religieux, trop exalté, ne renouvellera plus ces commotions, funestes avant-coureurs de l'inquisition. De pareilles scènes ne se reproduiront plus à la honte de l'autorité séculière, qui peut si facilement les prévenir, et l'autorité ecclésiastique ne doit plus se les permettre. Cet événement sera donc, il n'en faut pas douter, le dernier de ce genre.

Les rois de France sont maîtres chez eux, ils ne sont point soumis à l'autorité ecclésiastique. Aucune puissance n'a le droit de contrarier leur législation et leurs institutions. Les actes émanés du souverain, élaborés et proclamés dans les assemblées législatives, et adoptés par le roi, deviennent loi de l'état. Nulle autorité, hors de notre gouvernement, n'a le pouvoir ni le droit de blâmer, d'infirmer, de condamner ce qui a été fixé par la loi. Il en était ainsi dans notre monarchie ancienne, il doit en être de même dans notre monarchie restaurée.

Or, puisque nos souverains, nos lois et nos règlemens de police ont fondé des théâtres et créé des comédiens auxquels ils accordent protection, salaire, pensions et honneurs, aucune puissance ecclésiastique, telle qu'elle puisse être, n'a de droits à exercer sur la profession de comédien.

En frappant d'anathême des acteurs de théâtre, et en exigeant d'eux l'abjuration de leur état, comme incompatible avec l'exercice de la religion, le clergé commet un véritable délit contre la puissance du prince, contre celle des lois, et contre l'autorité du pape. Ce délit est punissable et doit être réprimé. L'autorité séculière se doit à elle-même ces exemples de justice : ils sont absolument nécessaires pour restreindre l'ambition, la cupidité et le fanatisme de certains ecclésiastiques, dont les entreprises causeraient du trouble dans l'état, et corrompraient la pureté de notre sainte religion.

La puissance temporelle est donc la véritable conservatrice d'une religion qui mérite tous nos respects; car il est démontré, par des faits nombreux dont fourmille notre histoire, ainsi que celle de tous les peuples chrétiens, que si les prêtres n'avaient pas toujours rencontré dans la force et dans l'autorité séculière, une barrière contre leurs écarts, contre leur ambition et leur ignorance, cette même religion serait anéantie par les excès de ses propres ministres.

Il est prouvé, en effet, d'une manière incontestable, que le clergé, dans sa grande majorité, foule continuellement à ses pieds la vraie morale chrétienne et évangélique, et que ses fautes, ses égaremens, sa corruption et ses crimes même ne le cèdent en rien aux autres classes de la société. Que de vexations, que de vols, que de parjures, que d'empoisonnemens, que d'assassinats n'a-t-on pas à lui reprocher à des époques anciennes et modernes! Combien de guerres de religion n'a-t-il pas suscitées! et plus d'un souverain et grand nombre de particuliers succombèrent sous le poignard du fanatisme religieux. L'Espagne en offre aujourd'hui une preuve affligeante.

CHAPITRE IX.

Des entreprises de la puissance spirituelle ecclésiastique, contre la puissance temporelle séculière.

L'autorité du prince émane de Dieu; c'est l'apôtre saint Paul qui nous confirme cette grande verité.

« Que toute personne, dit-il, soit soumise » aux puissances supérieures..... Il n'y a point » de puissance qui ne vienne de Dieu..... Ceux » qui résistent à l'ordre de Dieu attirent la con- » damnation sur eux-mêmes..... car le prince est » le ministre de Dieu pour notre bien.... » (Épit. de saint Paul aux Rom., chap. XIII.)

La puissance du prince est donc la puissance du ministre de Dieu. Lorque la sagesse du prince parle, tous ses sujets doivent l'écouter, tous doivent lui obéir. Le prince est dans l'étendue de ses domaines, le protecteur placé par la Providence, pour veiller à ce que chacun fasse son devoir et jouisse de ses droits.

Les ministres des autels qui affichent l'indépendance, qui s'opposent aux volontés du prince, qui cherchent continuellement à empiéter sur les droits des souverains et qui font tous leurs efforts pour usurper sur terre une puissance temporelle et soumettre les gouvernemens à l'autorité sacerdotale, non seulement sont rebelles à la parole de Dieu, transmise par le saint apôtre que nous venons de citer ; mais encore ils sont criminels aux yeux du christianisme, en foulant à leurs pieds, avec autant d'audace que d'impiété, les divins préceptes de *Jésus-Christ*, qui a dit, et j'aime à le répéter : *Mon royaume n'est pas de ce monde..... Rendez à César ce qui est à César.....*

L'autorité ecclésiastique doit être uniquement spirituelle. C'est une hérésie antichrétienne des plus manifestes, de la part de l'ultramontanisme, de vouloir s'ingérer dans les gouvernemens de ce bas monde ; d'affecter une espèce de suzeraineté terrestre au-dessus de tous les trônes de la terre ; d'avilir les couronnes et les placer au-dessous de la tiare ; d'entretenir dans tous les États une foule de prêtres et de moines qui si souvent dans les affaires temporelles se montrèrent désobéissans envers l'autorité séculière ; d'entretenir enfin auprès des cours l'espionnage jésuitique des enfans de Loyola, afin de tâcher, par des moyens de corruption et par toutes sortes d'intrigues criminelles, influencer et régenter les ministres d'État, dans les opérations politiques qui ne doivent dépendre que de la volonté du prince. Cette faction religieuse, qui tend évidemment à dénaturer et anéantir la vraie religion chrétienne qui ne respire que la paix et la charité, est parvenue plus d'une fois à siéger sur le trône apostolique. Elle a adopté un Code pénal religieux, dont les effets sont civils et politiques, sans la permission du souverain temporel et légitime. Elle a enfin poussé la barbarie, jusqu'à prétendre avoir le droit de relever les peuples du serment de fidélité envers le prince légitime, lorsqu'il est excommunié, d'inviter les sujets, leur ordonner même de désobéir à leur prince, de lui faire la guerre, de *courir sus*, de l'assassiner enfin, par trahison, faute d'autres moyens, et le tout pour la gloire de Dieu et l'intérêt de la religion, comme si le ciel avait besoin de crimes pour maintenir le vrai culte!

C'est dans la violation de ces divins préceptes de *Jésus-Christ*, que nous venons de citer plus haut, que réside le principe de l'abominable doctrine des régicides. Telle est la source des maux innombrables qui si souvent se renouvelèrent par les entreprises d'un clergé orgueilleux et intolérant. Cette source empoisonnée a produit et reproduit sans cesse des troubles suscités par un fanatisme ambitieux, et des guerres de religion empreintes du caractère particulier d'une cruauté implacable et rafinée. De là, et on ne saurait trop le répéter, tant de parjures, tant d'empoisonnemens, tant d'assassinats et tant de régicides, colorés du nom de tyrannicides, et enfin tant de crimes religieux de toute espèce, qui inspirent l'horreur et l'effroi, et qui sont si contraires à la charité, à la douceur et à l'humilité évangéliques! C'est ainsi, que depuis un si grand nombre de siècles, des souverains faibles et imprudens se laissèrent accabler, en se soumettant à la funeste influence de l'hypocrisie et de la perfidie, masquées d'un voile religieux.

Voilà les véritables causes qui produisirent de si grands schismes en Europe, et forcèrent des gouvernemens guidés par la dignité de leur indépendance et effrayés par les prétentions ultramontaines, à se séparer de la communion de l'église romaine.

Les vérités incontestables que je viens de proclamer, ne recèlent rien d'irrespectueux, ni d'offensif, envers le souverain pontife, qui aujourd'hui professe la morale chrétienne et évangélique la plus pure, et qui, par ses éminentes qualités, sert de modèle à tous les vrais chrétiens. Il est le premier, et il n'en faut pas douter, à condamner le zèle indiscret et fanatique de certains prêtres séculiers et réguliers qui, plus ultramontains que les papes eux-mêmes, soutiennent avec tant d'orgueil et d'acharnement, que le père spirituel de la chrétienté, est sur terre au-dessus de tous les gouvernemens, et qu'il peut disposer du trône et de la vie des souverains.

Sa sainteté n'approuverait pas, également, que des évêques et des prêtres, aient la prétention de se soustraire, pour le temporel, à l'autorité séculière, dans les pays où ils exercent leurs fonctions sacerdotales, ni qu'ils y formassent un pouvoir terrestre, supérieur, indépendant et en opposition au prince légitime, de manière à constituer une espèce de gouvernement intérieur au milieu même des gouvernemens.

Les souverains qui, par trop de condescendance, se laisseraient tromper, dominer et avilir par des prêtres et par des moines factieux et entreprenans, compromettraient leur dignité; car, leur devoir est d'être jaloux du pouvoir que Dieu leur a décerné. Ils ne doivent point oublier qu'ils sont destinés à faire le bonheur des peuples.

La puissance séculière doit, lorsqu'il est nécessaire, montrer un bras armé pour maintenir sa propre autorité et faire respecter la religion, non seulement par le peuple, mais encore par les prêtres eux-mêmes, qui, si souvent, se sont livrés à des excès en tout genre et se sont fourvoyés tant de fois, dans un système de fanatisme anarchique et d'envahissement de pouvoir!

Les ecclésiastiques, dans un état, sont, avant tout, les sujets du prince. Ils sont par conséquent soumis, comme les autres citoyens, à la loi commune; mais il ne faut pas oublier qu'ils tiennent aussi à un autre chef suprême, au souverain pontife, auquel ils ne doivent obéir que pour le spirituel ; mais combien n'y en a-t-il pas eu parmi les prédécesseurs de ce dernier, qui, éblouis par la nature de leur dignité et par l'éclat de leurs fonctions, comme vicaires de *Jésus-Christ*, ont abusé de la majesté de la religion pour prétendre mal à propos à une supériorité directe sur les rois!

Cette supériorité, au spirituel, n'est pas douteuse ; mais au temporel, après avoir été long-temps disputée pendant les temps d'ignorance, de superstition et d'abrutissement, elle est enfin considérée comme n'étant qu'une usurpation anti-chrétienne, que les souverains, autrefois, eurent tant à redouter! Cette usurpation trouve encore aujourd'hui de fanatiques défenseurs dans une secte ténébreuse et hypocrite; je veux parler des disciples de Loyola, qui aspirent avec tant d'ardeur à se faire reconnaître légalement et authentiquement!

Cette société à jamais déshonorée par l'immoralité de ses principes et par la doctrine du régicide qu'elle prêcha audacieusement en bravant les tribunaux, et que malheureusement elle ne mit que trop souvent en pratique, est atteinte de la manie de vouloir à tout prix se donner la mission de régenter les gouvernemens et d'asservir les ministres d'État auxquels elle s'arroge insolemment le droit d'accorder sa protection. Elle veut enfin asservir et diriger les princes.

Si on veut lire leurs brochures modernes, on y verra que cette infâme et audacieuse société, s'annonce très-ouvertement pour être un ordre tout à la fois monastique et politique.

Est-ce là le langage de prêtres chrétiens ? Mais ne sait-on pas que cette société anti-chrétienne se moque également de la religion comme de la morale, et qu'elle se livre avec impudence à toutes sortes d'intrigues, au moyen de congrégations, de confréries du sacré-cœur, et de clubs jésuitiques ?

C'est dans ces différens repaires que les *jésuites*, *pères de la foi* et *missionnaires universels*, prétendent former l'opinion publique, s'en emparer pour la diriger. C'est là qu'ils prétendent régler les intérêts des souverains, des gouvernemens et des peuples. Déjà ils parviennent à procurer à leurs partisans les plus dévoués des emplois publics et importans.

Cette société ambitieuse et sans cesse agissante a tout osé, car elle a renversé de fond en comble la religion chrétienne pour y substituer une nouvelle religion de son invention, une religion jésuitique, mais infâme, car leurs maximes favorites sont, que la religion ne peut se soutenir et triompher, que par le pouvoir absolu et les richesses, que par la force, la terreur et les supplices, et enfin, que par les crimes les plus odieux, en soutenant que ces crimes deviennent des vertus, lorsqu'étant commis avec une direction d'intention, ils ont pour but l'intérêt de la religion et de la gloire de Dieu.

Quel est l'homme de bonne foi, qui oserait reconnaître dans cette atroce religion jésuitique, la vraie et sublime religion chrétienne, qui ne veut se propager, que par la douceur et la persuasion, et qui est fondée sur la charité et sur l'humilité évangéliques?

Les prétentions ultramontaines ne sont qu'assoupies et non détruites. On doit toujours se souvenir qu'on a vu des Papes ambitieux et audacieux, employer les armes de la religion, si imposantes, sur l'esprit des hommes, pour renverser des trônes, pour anéantir des gouvernemens, pour enlever la vie à des souverains, et répandre par le fer et la flamme la discorde, la désolation et la destruction au sein des nations.

La tiare voulait exercer autrefois un pouvoir absolu sur tous les États de la chrétienté : elle y comptait des milliers d'ecclésiastiques et de moines dévoués au saint-siége, elle les y considérait comme des troupes fidèles qu'elle y faisait stationner pour ses intérêts.

De pareils dangers, sans doute, nous menacent encore ; mais on sait, il est vrai, que la justice et la modération du souverain pontife actuel, ainsi que nous l'avons déjà dit, éloignent pour long-temps de semblables catastrophes ; cependant, puisque l'expérience nous a démontré qu'elles avaient eu lieu dans un temps, la prudence doit nous commander de prendre des mesures, pour empêcher qu'elles ne puissent renaître à une autre époque.

Tout nous indique que les factions religieuses du monachisme, du fanatisme et du jésuitisme ultramontain, exercent aujourd'hui leurs fureurs dans la péninsule. Elles font tous leurs efforts, au moyen de leurs correspondances avec *Mont-Rouge*, etc., pour franchir les Pyrénées, où nous devrions, avec plus de raison, établir un cordon sanitaire religieux, pour empêcher les disciples de saint Ignace de Loyola de reproduire en France de pareils désastres.

Les princes doivent donc être toujours en garde contre les actes du clergé, qui seraient attentatoires au pouvoir temporel du souverain, car l'autorité spirituelle, sans cesse rivalise l'autorité séculière des gouvernemens, elle tend à l'affaibilr, à la dominer, et enfin à la détruire, si elle ne peut parvenir à la subjuguer.

Un des meilleurs moyens que puisse employer le gouvernement, pour résister à la faction jésuitique ultramontaine et s'opposer à l'empiétement de l'autorité spirituelle du clergé, est de comprimer les intrigues et les cabales des congréganistes, si dévoués aux pères de la foi, et qui, par l'influence des coteries et des confréries, parviennent à obtenir toutes les places et tous les emplois; il faut qu'il surveille autant qu'il est possible, les prêtres et les jésuites qui entourent les grands, excitent parmi eux les passions ambitieuses, et cherchent avec hypocrisie à fanatiser et à séduire toutes les classes les plus distinguées, ainsi que les moins éclairées, afin d'augmenter et de fortifier le pouvoir de l'autorité spirituelle.

Il est une vérité reconnue de tout temps, que deux pouvoirs, qui chacun prétendent à l'indépendance, ne peuvent long-temps subsister à côté l'un de l'autre, sans se nuire réciproquement, sans se faire la guerre. Enfin, l'un, prenant le dessus, détruit ou subjugue entièrement l'autre.

C'est ce qui est déjà nécessairement arrivé et arrivera toujours, entre le pouvoir spirituel ecclésiastique et le pouvoir temporel séculier. Les fonctions et les attributions de ces deux pouvoirs, doivent être à jamais distinctes et séparées les unes des autres. Ce serait l'imprévoyance la plus blâmable et la plus funeste, si le pouvoir temporel, qui doit être absolument indépendant du pouvoir spirituel, laissait exercer à l'autorité ecclésiastique la moindre portion d'autorité séculière. Ce premier pas a déjà été funeste, et les conséquences en ont toujours été désastreuses, pour les souverains et pour les peuples.

Sous ce point de vue, il serait bien impolitique, de confier au clergé la tenue des registres de l'état civil, pour les actes de mariage, de naissance et de mort. On sait combien le parti fanatique, réuni à la faction jésuitique, s'agite et s'intrigue pour s'en emparer, principalement pour faire précéder les cérémonies religieuses, à des actes qui sont purement civils, qui ne doivent avoir que des effets civils, et qui, sous ce rapport, sont entièrement indépendans des religions. Le droit naturel est en effet bien distinct du droit divin.

Où en serions-nous, si les prêtres devenant maîtres absolus, de l'expédition des actes importans de la vie et de la mort des citoyens, ils étaient chargés de les enregistrer comme magistrats? C'est alors que sous prétexte de faire observer par contrainte, les pratiques religieuses, ils mettraient en action leur principe favori, que la religion ne peut se soutenir que par la force et la terreur, tandis qu'elle ne doit obtenir de succès, que par la persuasion, la douceur, l'humilité et la charité.

Les prêtres, une fois devenus les maîtres, se croiraient autorisés légalement à refuser arbitrairement la sépulture, à entraver ou empêcher les mariages, et à tracasser les citoyens pour l'enregistrement des actes de naissance; que de vexations inquisitoriales, que de refus de sépulture qui ne sont déjà que trop nombreux, que de troubles, que de désordres, n'en résulteraient-ils pas dans l'ordre social, et toujours, d'après ce principe affreux que nous venons de citer, que c'est par la violence et par les punitions, et même par les supplices, qu'on doit obliger chaque particulier à se soumettre aux pratiques des religions qui furent si souvent vides de charité!

Les vexations du parti religieux, seraient d'autant plus accablantes que les gouvernemens se laissant influencer, diriger et subjuguer, par l'intolérance religieuse, deviendraient théocratiquement les cruels instrumens des vengeances sacerdotales.

Ce parti religieux n'est autre chose que le fanatisme, ligué avec la faction jésuitique ultramontaine, ennemie déclarée de nos libertés de l'église gallicane. Ce parti si redoutable pour les ministres d'état eux-mêmes, et auxquels il intime ses ordres, devient de plus en plus exigeant.

Il obtient tout ce qu'il demande. Il s'empare de l'enseignement public ; il supprime partout les maisons d'instruction qui ne lui conviennent point ; il persécute ouvertement le mode d'enseignement mutuel, et il chasse tout individu qui lui porte ombrage. C'est ainsi que ce parti ambitieux et affamé de richesses et d'autorité, bouleverse tout, au risque de porter le trouble dans la société et d'en ébranler l'autorité souveraine.

Il faut pourtant espérer, que le gouvernement ne se laissera pas assez influencer par la secte jésuitique, au point de commettre la faute politique, d'exiger des citoyens, que l'acte religieux précède l'acte civil, pour le mariage, et que les actes de naissance et de mort soient enregistrés par des prêtres. L'ordre actuellement établi ne blesse en aucune manière les droits de la puissance ecclésiastique ; car cet ordre, par sa nature, appartient à l'ordre civil, et ne nuit en rien à l'efficacité du sacrement.

Si on en agissait autrement, ce serait provoquer des abus et des vexations inévitables de la part de l'intolérance et du fanatisme. Et dans quel but je le demande! apparemment pour plaire à une secte qui corrompt tout ce qu'elle touche. Pourquoi ne pas réfléchir que le retour des persécutions religieuses, serait une source féconde de troubles anarchiques, de désordres et de révolutions, dont il est temps enfin de fermer l'abîme.

On doit donc encore se flatter, ou du moins former des vœux, pour que ce parti religieux, si exigeant, ne parvienne pas à persuader au gouvernement de présenter des lois funestes, qui indiqueraient positivement le desir du ministère :

1°. D'obtenir le rétablissement légal des jésuites régicides, que chacun alors serait obligé de respecter; 2° la proposition d'un nouveau projet de loi pour accorder au clergé les registres de l'état civil et le constituer comme formant une espèce de magistrature séculière, chargée d'enregistrer les actes de mariage, de naissance et de mort, et dans le mariage, d'exiger que l'acte religieux ou sacrement précède l'acte civil; 3° d'adopter de nouvelles mesures, soit pour détruire la liberté de la presse, soit pour la museler de plus en plus par de nouvelles *lois de tendance*, ou par de nouvelles ordonnances qui envahiraient l'imprimerie et la librairie, etc., etc.

Déjà les journaux sont courbés sous la loi de tendance du 17 mars 1822, qui heureusement n'a pas pris naissance sous le règne de Charles X, de ce roi franc et loyal, qui jamais n'aimera les lois inquisitoriales; mais si une pareille loi, était dirigée contre les auteurs, elle serait terrible contre eux et pourrait un jour servir à condamner tout écrivain, qui déplairait à l'infâme société de Loyola. En effet, il n'est pas une page, une ligne, et même un mot, dans la plupart des écrits de l'opposition, auxquels on ne puisse donner un sens *réquisitorial* des plus criminels, et par conséquent qui ne deviennent le sujet d'un réquisitoire.

Une pareille loi de tendance, paralyserait entièrement tous les écrivains qui voudraient se dévouer pour combattre le jésuitisme. L'incertitude sur le genre d'accusation, dont ils seraient sans cesse menacés, les paralyserait, et l'opinion déjà connue d'un juge inamovible, pèserait sans cesse sur leur tête, comme autrefois l'épée suspendue sur celle de *Damoclès*.

La secte de saint Ignace, obtiendrait enfin

un triomphe complet en imposant silence à ses adversaires, elle serait toujours sûre de les faire condamner, lors même qu'elle aurait jugé à propos de les accuser *d'avoir voulu voler les tours de Notre-Dame*, comme le disait un célèbre jurisconsulte.

Les *lois de tendance* enfin, qui sans injustice peuvent être classées avec la *loi des suspects*, sont en jurisprudence ce que les agens provocateurs sont en police. Ces sortes de lois ainsi que les agens provocateurs, sont des pourvoyeurs de prisons qu'ils remplissent aisément de victimes innocentes. Peut-on nier en effet que les uns et les autres ne cherchent que des coupables? on doit craindre qu'ils ne produisent des persécutions.

La censure serait donc mille fois préférable et moins odieuse. Charles X, un des plus francs et des plus loyaux souverains, n'adoptera jamais une loi de tendance dont le principe est incontestablement inquisitorial. Mieux vaudrait retirer la liberté de la presse : c'est au prince à juger dans sa sagesse, s'il doit adopter cette mesure.

Les deux journaux qui vont être jugés d'après la loi de tendance précitée du 17 mars 1822, sont à la merci de l'opinion de leurs juges. Chacun, il est vrai, peut avoir son opinion; mais une opinion en matière politique ou religieuse, ne peut constituer qu'arbitrairement un délit, ou un crime, tandis qu'elle va constituer ou produire si facilement, une peine ou une punition. En effet, cette loi n'est autre chose qu'un jury, uniquement composé de juges inamovibles, dont on connaît de longue main l'opinion. Quoique ces juges soient en apparence indépendans, ils ne sont que des juges ordinaires, dont l'indépendance ne ressemble en rien, à celle des anciens parlemens qui, autrefois, formaient un contrepoids politique entre l'État et le peuple.

La cour royale, en obtenant le privilége de juger d'après son opinion, va se trouver transformée, pour ainsi dire, en chambre ardente. Si elle partage cette idée, qui est bien naturelle, en y réfléchissant, elle se déclarera incompétente, car elle ne peut rien ajouter à sa considération, en acceptant de pareilles fonctions.

Quoi qu'il en soit, si le gouvernement par le seul fait de la présentation des nouvelles lois dont je viens de parler plus haut, annonçait le désir de les obtenir, il serait de toute justice de prononcer auparavant, la dissolution de la chambre des députés. Cette chambre, en effet, devrait être à juste titre, cassée, annulée et renouvelée, attendu que les dernières élections sont presque généralement illégitimes et illégales, tant elles ont été frauduleuses, et opérées par des moyens machiavéliques, dont l'immoralité politique a été si publique et si scandaleuse, que le ministère actuel a désapprouvé lui-même cette immoralité, mais sans avoir encore réparé cette injustice manifeste; on sait d'ailleurs que de telles manœuvres, ont été commises par l'influence des principes du jésuitisme, qui enseignent que tout est permis, les crimes même, pour arriver à ses fins.

Nous sommes sans cesse menacés du retour des institutions inquisitoriales; elles s'efforcent de reparaître déguisées sous différentes formes, déjà elles portent le trouble et le désordre dans la société pour y favoriser une secte désorganisatrice. On ne sait que trop, combien l'intolérance en religion comme en politique, fut toujours le fléau de la civilisation !

Il faut donc éviter des mesures, qui tendraient à concéder aux ecclésiastiques une autorité civile et des fonctions mixtes, spirituelles et temporelles, une espèce de magistrature, enfin, comme nous l'avons déjà dit, qui produirait un mal d'autant plus alarmant, qu'il est d'une nature susceptible de s'accroître continuellement en cherchant à tout envahir.

Qu'on ne dise pas que ce soit de vaines craintes. Il faudrait être sourd et aveugle, pour n'avoir pas vu et entendu le parti religieux proclamer leurs prétentions exorbitantes. Il ne cesse d'annoncer aux ignorans, et de faire accroire aux imbéciles que les prêtres, étant les ministres de la Divinité, sont au-dessus des autres hommes, que tous les princes temporels doivent s'humilier devant la puissance spirituelle et temporelle du pape, et qu'ils s'exposent aux plus grands malheurs en lui désobéissant, parce que le sacerdoce, disent-ils, a reçu de Dieu le pouvoir de déposer les rois sur terre, et de mettre sur les trônes de véritables chrétiens. S'ils avaient cette puissance, pourquoi donc ne détrônent-ils pas le Grand-Turc à Constantinople pour y faire siéger le pape?

Les prêtres se trouvent perpétuellement dans une fausse position, entre l'autorité du souverain dont ils sont les sujets, et l'autorité du souverain spirituel, vers lequel ils sont entraînés par un sentiment religieux irrésistible, de manière qu'en toutes choses ils obéissent de préférence à celui-ci, et qu'ils résistent à celui-là lorsqu'ils croient qu'il y va de l'intérêt de la religion, mais en confondant bien aisément et trop souvent, leurs intérêts personnels et temporels avec les intérêts du ciel.

Les saints Évangélistes viennent à l'appui de ce que je viens de développer, dans l'intérêt direct du prince, qui doit être le chef unique de l'État, et dans l'État. Voici ce que *saint Mathieu* et *saint Luc* en ont dit. Ils se sont exprimés sur ce sujet d'une manière trop précise, pour n'y pas faire une profonde attention.

Nemo servus potest duobus Dominis servire : aut enim unum odio habebit, et alterum diliget : aut unum sustinebit, adhærebit, et alterum contemnet: non potestis Deo servire et mammonæ.

« Nul serviteur ne peut servir deux maîtres ;
» car, ou il haïra l'un et aimera l'autre, ou il
» s'attachera et se soumettra à l'un et méprisera

» l'autre. Vous ne pouvez servir Dieu et les ri-
» chesses: » (*Saint Mathieu, chap. VI, v. 24, et saint Luc, cap. XVI, v. 13.*)

D'après les conseils salutaires de ces deux saints évangélistes, on voit évidemment, et avec effroi, qu'il n'y va rien moins que du mépris et de la haine, de la part des prêtres, contre les puissances séculières, et ceux-là préfèreront toujours d'obéir aux souverains pontifes, lorsque le chef de l'église jugerait à propos d'anathématiser les princes, de les excommunier, de les déposer de leurs trônes, de dispenser leurs sujets du serment d'obéissance et de fidélité, de les inviter, de leur ordonner même, de *courir sus*, contre leur souverain légitime, de lui arracher la vie de vive force, ou de l'assassiner, ou de l'empoisonner par trahison, dans l'intérêt de la religion et pour la gloire de Dieu.

M. de Sénancourt, mon implacable adversaire, et j'ai droit de le considérer ainsi, essaiera peut-être de prouver, que mes sentimens et mes raisonnemens ont une tendance séditieuse et irréligieuse ; il accusera sans doute d'hypocrisie, la manière franche et loyale avec laquelle je viens de manifester d'immenses vérités utiles au roi, à l'État, et à la vraie religion chrétienne et évangélique. Il prétendra que j'ai voulu exciter la haine contre les bons prêtres, néanmoins si respectables à mes yeux, lorsqu'ils mettent en pratique la charité, cette vertu divine qui est au-dessus de la foi, ainsi que l'a dit saint Paul (voyez ci-dessus page 17).

De quelque manière que *M. de Sénancourt* et ses semblables, jugent à propos de m'attaquer, je proteste avec toute la force dont je suis capable, contre une calomnie aussi jésuitique et à laquelle très-certainement je succomberais, non seulement devant des tribunaux d'inquisition présidés par des jésuites, mais encore par-devant tout tribunal chargé de mettre à exécution des lois de tendance ; heureusement je puis placer toute ma confiance dans la sagesse de notre gouvernement, et dans la surveillance éclairée de notre illustre magistrature.

Depuis long-temps, comme aujourd'hui, les magistrats français, ont toujours su remplir avec autant de prudence et d'impartialité que de courage, le plus pénible de leurs devoirs, celui de signaler les progrès de cet esprit d'ambition, de cupidité et d'intolérance fanatique qui brave toutes les lois, qui plus d'une fois fit trembler les souverains sur leurs trônes, et maîtrisa despotiquement les dépositaires de l'autorité en se servant même de cette autorité pour accomplir les plus odieux projets.

C'est donc aux magistrats intègres, c'est aux défenseurs courageux de nos libertés gallicanes, à apprécier l'action du sentiment religieux dans l'ordre social, et, lorsqu'il y a lieu, de savoir résister à l'influence anarchique du fanatisme, qui tend continuellement à corrompre la morale politique, la morale particulière, et la morale chrétienne, en y substituant la morale pernicieuse des intérêts que les jésuites sont parvenus à introduire dans toutes les classes de la société.

CHAPITRE X.

De la protection due aux Comédiens par le ministère public, contre les entreprises du fanatisme.

Ce que nous venons d'exposer en général dans le chapitre précédent concernant les entreprises de la puissance spirituelle ecclésiastique contre la puissance temporelle séculière, doit avoir son application particulière, à la cause des comédiens que j'ai entrepris de défendre. Ceux-ci en leur qualité de citoyens, ont un droit incontestable à la protection du prince, et ses agens doivent les garantir des entreprises du fanatisme et les faire jouir de tous leurs droits.

Il a été déjà démontré que les comédiens du troisième âge, sont entièrement affranchis de toute excommunication de la part de l'église. Il en résulte que les acteurs de comédie étant protégés, salariés, pensionnés et honorés par les souverains et par les papes, aucun prêtre en France, n'a le droit de son autorité privée, d'anathématiser et d'excommunier la profession de comédien, qui a été créée et autorisée par les diplômes du prince, par la législation du pays; et par conséquent, c'est un véritable délit d'en exiger l'abjuration.

Le refus des prières de l'église et de la sépulture, fait par le clergé aux comédiens, est encore un autre délit manifeste et réel, car c'est infliger une action pénale et imprimer le mépris public, à une profession instituée et régularisée par la volonté et les ordonnances du prince, en vertu des lois du royaume et sous la protection des tribunaux.

Dans cette dernière circonstance, l'outrage est fait non-seulement à la personne et à la profession du comédien, mais encore aux autorités suprêmes, qui ont autorisé et commandé son exercice.

Tous les employés du gouvernement qui sont l'organe des lois et les délégués du prince, doivent sans doute donner eux-mêmes les marques du plus profond respect pour la religion, et témoigner de la vénération pour les ministres du culte, lorsque ceux-ci sont pénétrés de la majesté de leurs fonctions et qu'ils méritent l'estime de leurs ouailles, par leur conduite sage et éclairée : mais lorsque ces derniers s'écartent de leurs devoirs, lorsqu'ils commettent des délits et lorsqu'ils troublent l'ordre social par des actes de fanatisme, il faut que les agens du ministère public, aient le sentiment de la dignité du poste qui leur est confié ; il faut qu'ils ne s'en laissent point imposer par le crédit du clergé, ni se laisser effrayer par l'ascendant que les prêtres n'usurpent que trop souvent sur le gouvernement ; et enfin ne pas courber honteusement la tête, sous le joug de la secte ultramontaine, si puissante et si menaçante, qui, aujourd'hui, sème de toute part, la division, le trouble et le désordre.

En ce qui regarde les théâtres, et d'après les institutions anciennes et nouvelles qui les concernent, le clergé n'est point en droit, dans aucun cas, d'exiger d'un acteur l'abjuration de la profession de comédien ; et si les prêtres persistaient dans cette prétention, ils se mettraient en pleine opposition et en *plein délit*, contre la puissance du prince et celle des lois.

Le délit dont nous venons de parler, considéré sous le point de vue de l'état politique et celui de la législation, impose nécessairement à *MM. les procureurs du Roi*, l'obligation de surveiller et de réprimer en ce qui les concerne les ministres du culte qui, par un faux zèle de religion, manqueraient au respect qu'ils doivent au souverain, et se mettraient en quelque sorte en insurrection, contre ce qui a été institué par l'action de l'autorité souveraine et par le fait de la législation et des réglemens de la police du royaume.

Le ministère public est trop éclairé sur les intérêts de l'État et de la religion, et il est trop pénétré de ses devoirs envers le souverain, dont il est l'organe, pour se laisser dominer et avilir par l'influence du fanatisme qui sans cesse fait des efforts pour maîtriser le gouvernement. Il doit aussi surveiller les autres autorités qui, se laissant corrompre ou intimider par l'esprit de parti, viendraient à tolérer ou à seconder les entreprises des prêtres malveillans et ambitieux, qui nuisent essentiellement à l'État et à la religion.

MM. les procureurs du roi doivent informer

de ce délit, le dénoncer aux tribunaux et faire condamner les délinquans. C'est leur devoir, attendu qu'ils sont eux-mêmes institués pour faire respecter tout ce que le souverain et les législateurs ont voulu et créé, et qu'il n'y a pas de *délit plus avéré, ni d'infraction plus complète aux lois du royaume*, que d'exiger l'*abjuration* d'un état que le souverain et les lois ont établi.

S'il en était autrement, *MM. les procureurs du roi* se rendraient coupables de laisser dans le gouvernement, une puissance qui usurperait sur l'autorité légitime et régulière.

Puisque le clergé ne peut exiger l'abjuration des comédiens, sans se constituer en délit contre la volonté du prince et des lois, il s'ensuit que le refus d'admettre à l'église le corps des acteurs, et de leur accorder des prières, ne peut non plus avoir lieu.

Ce refus de recevoir à l'église le cadavre des comédiens décédés sans confession, est une conséquence de la réprobation de la profession d'acteur. Le clergé, en se déclarant ainsi, ferait l'application de cette punition ecclésiastique d'une manière plus outrageante encore pour le prince et pour les lois, que pour les comédiens mêmes. Il se constituerait par le fait, puissance législative et exécutive dans l'état et punirait dans le corps mort d'un citoyen, le zèle et le dévouement que celui-ci aurait apporté pendant sa vie, à remplir une profession voulue par le prince et consacrée par les lois. Le clergé serait donc en *délit permanent* contre la puissance législative et exécutive du royaume?

Quoi! le roi et les législateurs auraient honoré un comédien pendant toute sa vie, ils lui auraient accordé des regrets à sa mort, ils enverraient consoler sa veuve, ils lui auraient promis une pension, lorsque tout-à-coup, les justes effets de la puissance et de la munificence souveraine, se trouveraient frappés d'anathême et de déshonneur, par la réprobation d'un prêtre qui leur dirait : « Ce que vous » avez voulu, ce que vous regrettez même est » réprouvé, va être couvert d'ignominie et du » mépris public, telle est ma volonté. Celui » dont vous osez prendre la défense est frappé » d'une damnation éternelle. » Le prêtre alors, ne serait-il pas dans l'état, beaucoup plus puissant que le prince et les lois?...

Si le *refus de sépulture*, ainsi que nous l'avons

déjà dit, est plus outrageant pour l'autorité du prince que pour le comédien même, il en résultera aussi, que la classe des personnes dévotes et, ce qui est pire encore, la classe du peuple abrutie par l'ignorance, et par conséquent si susceptible d'être fanatisée, comme elle l'est en Espagne, par le monachisme et le jésuitisme ultramontain, sera autorisée d'après cette conduite du clergé, à blâmer et mépriser le prince et la loi, qui, d'après les allégations du prêtre, se trouveraient en contradiction avec la religion. C'est ainsi que serait atténué le respect inviolable, que les peuples doivent à la personne sacrée des rois. De là naîtraient des pensées, des discours et des actes séditieux ; car le prêtre par sa conduite, semble dire publiquement, « *le prince et les lois ont*
» *tort* d'honorer ce qui est digne d'anathème,
» mon autorité dans l'état est supérieure à celle
» du prince et à celle des lois, et j'ai la puis-
» sance de punir, d'anathématiser publique-
» ment, et sans opposition, les actions sacrilèges
» du prince. »

MM. les procureurs du roi doivent donc punir ce délit réel, qui est d'autant plus dangereux, qu'il laisse propager une usurpation de pouvoir, qui met le clergé au-dessus du prince et des lois, et qui lui donne les moyens terribles de punir audacieusement et publiquement, ce que le roi et les lois constituent et protégent.

La religion est dans l'État, et non l'État dans la religion. Telle est la volonté du prince, manifestée dans *l'article 6 de la Charte*, qui s'exprime ainsi : *La religion catholique, apostolique, et romaine, est la religion de l'État.*

L'Église n'a donc aucun droit de faire invasion dans l'État, car c'est par la volonté et l'autorité du prince et de la loi, que la religion existe dans l'État ; si cette volonté avait été contraire, cette religion n'y existerait pas, ou du moins elle n'y aurait pas la supériorité que la Charte lui donne ; par conséquent, la religion n'est là que parce que le prince l'a voulu, c'est sa puissance qui l'a instituée religion de l'État ; or, la puissance qui institue, est toujours la puissance supérieure ; le clergé qui doit son institution à cette puissance supérieure, ne peut ni ne doit la censurer, ni la blâmer, et encore moins *la guerroyer*, à la manière *du jésuite* GUIGNARD, qui fut pendu et brûlé comme régicide, en place de Grève.

Les prêtres, non seulement naissent sujets du roi, et soumis à toutes les lois du royaume, comme les autres citoyens, mais ils ne peuvent dans l'exercice de leurs fonctions, rien faire, rien articuler, de contraire à la volonté du prince et aux lois de l'État.

Les principes qu'on vient de lire, qui découlent de la *Charte*, sont anathématisés sans doute, par l'intolérance religieuse, et par cet esprit d'indépendance et de domination, qui, de tout temps, caractérisèrent trop souvent, le clergé séculier et régulier.

Maintenant, on comprendra aisément, pourquoi le jésuitisme anarchique et ultramontain, a saisi toutes les occasions, pour témoigner une haine implacable contre la *Charte*, au point de saisir toutes les occasions pour la déchirer en lambeaux. Il n'est plus étonnant qu'un curé fanatique, des environs de Blois, après avoir lu dernièrement le mandement de son évêque, à l'occasion du sacre de notre auguste souverain, actuellement régnant, se soit exprimé avec la rage d'un ligueur, ainsi qu'il suit :

Mes très-chers frères, comme Charles X *n'est pas chrétien, qu'il veut maintenir* la Charte, *qui est un acte contre la religion, nous ne devons point prier pour lui, pas plus que pour* Louis XVIII, *qui a été fondateur de cette* Charte. *Ils sont damnés tous deux; que ceux qui sont de mon avis se lèvent!....*

En effet, une partie de l'auditoire, fanatisée par la sortie virulente de ce scélérat, se leva en signe d'adhésion.

Dans cette circonstance, qui pouvait être considérée comme alarmante, l'autorité ecclésiastique a laissé apercevoir une indifférence blâmable, contre le délit de ce curé séditieux. Elle n'a pas même daigné envoyer au roi, une seule adresse, pour rassurer publiquement le souverain sur les dispositions du clergé. Celui-ci s'expose ainsi à être soupçonné d'approuver et de recéler au fond du cœur, les mêmes principes et les mêmes doctrines abominables, qui causèrent de si grands désordres au temps de la ligue.

On se croirait aujourd'hui reporté à cette époque de rébellion religieuse et régicide, qui se souilla de tant de crimes et s'arma de poignards parricides pour verser le sang des rois.

Oubliera-t-on que les jésuites, qui proscrivaient alors les Bourbons et appelaient en France l'étranger, étaient les provocateurs et les soutiens les plus zélés de la ligue? Ils en conviennent eux-mêmes, en avouant qu'en cela, ils partageaient l'opinion générale de l'église et des souverains pontifes. En prenant acte de cet aveu, que les jésuites et leurs partisans regrettent sans doute, d'avoir renouvelé dans leurs brochures modernes, on acquerra la triste conviction, que ce qu'ils appellent l'église, ainsi que les papes d'alors, étaient, en ces temps-là, plongés dans la corruption la plus infecte, et foulaient audacieusement à leurs pieds, la vraie religion chrétienne, les préceptes de Jésus-Christ et la morale évangélique, qui commande la charité, la douceur, l'humilité, et prescrit formellement d'obéir aux princes de la terre.

On éprouve une sensation pénible, en lisant dans l'histoire, que depuis cette fatale époque de la ligue, la société des disciples de saint Ignace de Loyola, dont la domination ne peut s'établir que sur les discordes civiles et la désorganisation sociale, n'a cessé d'exciter des troubles et des désordres, dans tous les gouvernemens qui ont eu l'imprudence de la recevoir et d'en suivre les conseils; il n'est enfin, pour ainsi dire, aucune conspiration régicide, dans laquelle des jésuites n'aient figuré comme conspirateurs et complices.

CHAPITRE XI.

De l'excommunication considérée comme injuste et par conséquent nulle, de la part des prêtres qui anathématisent les Comédiens, morts sans les secours spirituels de l'Église.

Nous avons considéré, sous le point de vue politique et celui de la législation, le délit que commet un prêtre, qui anathématise la profession de comédien, qui en exige l'abjuration, et qui, lorsqu'un acteur vient à mourir subitement, lui refuse les prières à l'église et la sépulture en terre sainte.

Nous allons examiner le même délit, sous le rapport des lois ecclésiastiques. En effet, pour que ce refus de prières et de sépulture puisse avoir lieu d'une manière canonique, il faut que les individus auxquels on voudrait l'appliquer, eussent été *excommuniés, dénoncés dans les formes*.

On sait maintenant, que les comédiens du troisième âge, ne sont point dans cette catégorie, et je l'ai démontré précédemment. Il en résulte que les prêtres qui, en matière d'excommunication, violent les saints canons et décrets des conciles, se rendent doublement coupables, envers l'autorité séculière et envers la discipline ecclésiastique.

Ce serait ici le lieu, de parler des différentes espèces d'excommunications qui sont fondées sur le droit naturel, que toute société doit avoir, de bannir de son corps ceux qui en violent les lois; et on demanderait à l'autorité spirituelle si elle prétend avoir le droit de lancer un anathème dont l'effet puisse produire, dans l'ordre social, une peine civile et matérielle, sans la permission du souverain, dont l'excommunié est le sujet.

Je ne m'étendrai point sur cette question, qui cependant, mériterait d'être d'autant plus éclairée du flambeau de la critique, que des théologiens ultramontains l'ont obscurcie par des sophismes captieux, et ont adopté des principes basés sur l'injustice la plus révoltante et la plus contraire à l'indépendance, aux prérogativés, et à la dignité de l'autorité temporelle. Cette question tient aux plus hautes considérations, puisqu'elle intéresse la vie et la liberté des rois, que les ultramontains placent sous l'autorité des papes.

Je me bornerai ici, à distinguer l'espèce d'excommunication, que des prêtres semblent vouloir appliquer aux comédiens morts subitement sans les secours spirituels de l'église : mais je fais observer que le prêtre déclare implicitement, par cette excommunication, que celui qu'il anathématise est damné à jamais, à cause de sa profession de comédien.

L'excommunication dont il est ici question, est celle qui serait portée par une loi canonique et qui serait encourue de plein droit dès que l'action est commise; par exemple, si on exerce une profession anathématisée par l'église. On les appelle *excommunications du canon*. Elles sont en si grand nombre, qu'il serait difficile aux plus savans canonistes d'en faire un dénombrement. Or, le comédien qui meurt subitement sans confession, et auquel on ne peut reprocher d'avoir refusé ou méprisé les secours spirituels de l'église, ne doit pas être anathématisé, attendu qu'il n'encourt aucune excommunication à raison de sa profession de comédien. Du reste, il doit être traité par l'église, comme tous les autres citoyens qui professent la religion chrétienne.

Le prêtre qui refuse les prières de l'église et la sépulture à un acteur, pour le seul fait de sa profession, commet un véritable délit envers les lois civiles et ecclésiastiques, c'est ce que nous avons déjà prouvé dans le chapitre précédent, en parlant de *MM les procureurs du roi*, dont le devoir est de s'opposer à de pareils abus.

Ainsi donc, les prêtres feraient non seulement ce qui ne leur est pas permis par notre législation, mais encore ils contreviendraient aux lois de l'église, en frappant d'opprobre un cadavre que le prince et les citoyens honorent et qui dans l'ordre social réclame les égards qui sont dus à celui qui, de son vivant, a mérité l'estime de ses concitoyens.

Nous ajouterons qu'une conduite aussi blâmable et même coupable, est contraire à la charité chrétienne, puisque le prêtre en rejetant avec dédain et avec anathème, ce cadavre qui lui aurait été présenté, ose par cela même et sur sa responsabilité, prononcer que le défunt est damné éternellement, et que par conséquent toutes les prières de l'église lui seraient inutiles dans l'autre monde.

Les prêtres ne doivent-ils pas savoir qu'une seule pensée, qu'un seul moment d'élévation de l'âme du pécheur vers ce Dieu de bonté, de clémence et de miséricorde, que nous adorons tous, suffit pour opérer son salut et lui obtenir une place au séjour des bienheureux? Or, si le comédien, saisi d'une mort subite, n'a pas eu le temps de demander un confesseur, mais qu'il ait pu adresser à l'être suprême son acte de contrition, et que Dieu dans sa toute puissance miséricordieuse, ait écouté les paroles de repentir du moribond et en ait appelé l'âme à lui; ce comédien, dis-je, verra donc du haut des cieux, où il jouirait de la béatitude éternelle, son corps profané sur la terre, par le ministre du Dieu même qui lui aurait pardonné!.... Ce corps ne recevra pas la sépulture chrétienne, et l'âme brillera d'un éclat céleste à côté du Dieu des chrétiens!.... Le prêtre sera plus terrible que son maître suprême, il aura préjugé de ses desseins et il en aura consommé la vengeance sur terre, tandis que le pardon aura placé l'âme dans le ciel!.... Par cette conduite téméraire, le prêtre se met également au-dessus de Dieu et au-dessus de l'autorité des rois, auxquels il doit compte de sa conduite lorsqu'elle porte le trouble dans la société, il frappe, il damne, il couvre de mépris et d'opprobres ce que Dieu glorifie et ce que l'autorité des rois honore et protège !

Cet orgueil démesuré, ce conflit d'autorité, cet abus de puissance est tout-à-fait contraire à l'esprit de notre sainte religion et à la volonté de notre législation.

Le clergé de France est d'autant moins fondé à frapper les acteurs, de l'anathème qui résulte de ses sentences exterminatoires, qu'il a lui-même aidé à leur institution, et que dans le principe de la création des comédiens du troisième âge, les prêtres ont rempli des rôles, dans les mystères que ces mêmes comédiens représentaient. Le scandale, qui alors avait lieu dans les processions profanes et obscènes, ainsi que dans les églises et sur les théâtres où se donnaient ces comédies pieuses, mais accompagnées de farces licencieuses, était tout-à-fait nuisible à la religion. L'autorité séculière défendit enfin aux prêtres, de remplir désormais des *rôles de comédiens*, et à ceux-ci de ne plus prendre leurs sujets de comédie dans les mystères de la religion.

Dans l'animadversion que le clergé témoigne contre les comédiens, il signale son ignorance, son injustice, son ingratitude, et il démontre en outre, qu'il agit avec deux poids et deux mesures, ainsi que je l'ai déjà dit plus haut. En cela rien n'est plus immoral et impolitique, de la part d'un corps aussi respectable que celui des prêtres.

Je répéterai ici, qu'on a vu des papes et des cardinaux, instituer des théâtres, tant à Rome qu'en Italie, et en France : on a vu un abbé directeur de notre opéra, à Paris; on a vu des capucins, des cordeliers, des augustins, demander l'aumône par placet, aux sociétés théâtrales, et la recevoir de nos comédiens bienfaisans : on a vu des religieux et des prêtres de l'église apostolique et romaine, *prier Dieu pour la prospérité de la compagnie des comédiens*. C'est ce que j'ai fait connaître dans le livre intitulé : *Les*

Comédiens et le Clergé, auquel je renvoie pour les détails.

On se demandera, comment des *prêtres* peuvent-ils *prier Dieu* pour des comédiens, que d'autres *prêtres* anathématisent et proscrivent? Voilà ce que des théologiens devraient expliquer, mais je ne leur en fais pas le défi, car ils ont des réponses à tout.

On a vu encore des comédiens enterrés dans *nos Églises*, tandis que d'autres n'ont pu obtenir de place dans nos cimetières. Cependant on voit journellement nos comédiens entrer dans nos temples, participer aux exercices de notre religion, faire des aumônes, rendre le pain béni, etc., etc., et continuer, en même temps, d'exercer leur profession ; donc ils ne sont pas *excommuniés dénoncés;* car en ce cas, ils devraient être exclus de l'Église.

Les papes, les rois, les cardinaux, et tous les souverains de la chrétienté, qui ont institué des théâtres et des comédiens, pour le plaisir et l'instruction du public, ont-ils prétendu se *damner*, eux et leurs sujets, par la fréquentation à laquelle ils s'exposaient volontairement avec des *excommuniés?* C'est donc de la part du prêtre, une *usurpation* sur l'autorité séculière, que de blâmer, punir, et damner la profession de comédien, que le prince a créée, et instituée.

Les prêtres qui, en invoquant les saints canons, veulent déshonorer la profession de comédien que les lois autorisent, assurément font preuve d'ignorance, ainsi que je l'ai démontré; mais ils devraient du moins ne pas oublier eux-mêmes, ce qui leur est propre et obligatoire dans ces canons, et je le leur ai rappelé dans le livre *des Comédiens et du Clergé* aux pages 344 et 347.

C'est l'oubli de ces lois canoniques, qui a fait naître l'ambition et la soif des richesses dans le cœur des prêtres, et a causé, par leurs intrigues et leurs entreprises criminelles, tant de troubles, tant de désordres, tant de guerres de religion, tant d'assassinats et de régicides, dont malheureusement abonde l'histoire des peuples de la chrétienté.

Le péril est toujours imminent. Les principes anarchiques du fanatisme religieux, font des efforts continuels pour tout envahir et tout détruire. Présentement encore, la faction des moines et des jésuites ultramontains, exerce ses fureurs dans la péninsule, ainsi que je l'ai déjà dit. Elle voudrait en même temps pénétrer en France, elle cherche à y propager les mêmes principes, le même esprit, et y exciter les mêmes désordres. Déjà elle y entretient ses avant-postes à *Mont-Rouge*, à *Saint-Acheul* et dans un grand nombre d'autres positions avantageuses, qui sont autant de repaires d'hypocrites et de fanatiques. De tout côté cette secte impie signale ses perfides projets par des intrigues ambitieuses et par les effets de sa funeste influence; déjà elle publie des écrits remplis de fausses doctrines où elle proclame audacieusement la désobéissance et la résistance aux autorités légitimes, et y répand les principes abominables du régicide.

Parmi ces livres détestables, on en distingue un entre autres, qui m'est parvenu au moment où j'écrivais ce chapitre. Je veux parler de l'ouvrage intitulé *des Crimes de la Presse, dédié à la Sainte-Alliance* (in-8°; Paris, 1825, chez Potey, libraire, rue du Bac, n° 46).

L'auteur de ce livre anonyme, par un reste de pudeur sans doute, n'a pas osé compromettre son nom, craignant de lui faire partager l'infamie dont cette honteuse production sera à jamais flétrie! Je ne prétends pas dire que cet écrit ne contienne quelques réflexions utiles que j'approuve, mais qui ne peuvent justifier les doctrines anti-chrétiennes et séditieuses, dont il est infecté.

Qui le croirait? cet écrivain furibond, foulant à ses pieds la charité, l'humilité et la douceur évangéliques, justifie les rigueurs salutaires de la *Saint-Barthélemi*, donne des éloges mensongers à l'atroce inquisition, vante avec impudeur la clémence de ce tribunal de sang, et approuve toutes les cruautés religieuses.

Tel est le langage de ce détracteur furieux de la liberté de la presse, et il a soin d'assurer d'après son autorité, que de tous les crimes, ceux de la presse sont les plus grands.

Tel est le manifeste du fanatisme et de l'ultramontanisme, rédigé à *Mont-Rouge*, et lancé dans le monde, pour y produire un grand effet, pour y répandre la terreur, et faire trembler l'opposition. Si on en croit à l'auteur de cette déclaration de guerre, la liberté de la presse va être anéantie, ou tellement garrottée, qu'elle sera presque nulle, et il propose de la soumettre à un tribunal arbitraire et inquisitorial.

Tant de moyens de répression, seront véritablement infaillibles pour donner raison au jésuitisme, et pour imposer silence aux courageux adversaires, des infâmes casuistes de la société ignacienne, qui n'ont cessé et ne cessent encore de prêcher la morale la plus dépravée, et d'autoriser le régicide.

Telles sont les mesures que, les pères de la foi, veulent adopter, depuis qu'ils sont poussés à bout, par les argumens irrésistibles, auxquels ils ne peuvent plus répondre, malgré le système de dénégation qu'ils ont adopté et qui leur est commun avec tous les scélérats effrontés qui paraissent sur le banc des cours d'assises. Les écrivains qu'ils soudoient, ne font que déraisonner, que balbutier, et tous s'accordent à *aboyer* après des mesures inquisitoriales, comme étant leurs dernières ressources. Déjà la petite guerre est déclarée aux imprimeurs et aux libraires, déjà de prétendus agens de la police de la librairie, qu'ils compromettent, parcourent les boutiques de libraires, y *empoignent* des livres mis à un index secret qui n'a pas eu de publicité; d'autres avec un air d'intérêt, conseillent aux marchands de livres, de ne plus exposer tel ou tel ouvrage; toutes les supercheries sont enfin mises en œuvre, pour empêcher ou entraver le débit des ouvrages qui déplaisent à un parti, mais dont la vente, cependant, n'est pas encore prohibée.

Tous ces moyens ne leur suffisent pas encore. Il leur faut recourir à des mesures plus efficaces et plus directes. C'est dans cette intention, que l'auteur du livre des crimes de la presse, qui ne rêve qu'inquisition, provoque l'établissement d'un conseil basé sur l'injustice la plus évidente et sur l'arbitraire le plus absolu et le plus tyrannique. Ce nouveau conseil serait, quoi qu'il en dise, un tribunal véritablement inquisitorial, il en aurait tous les caractères odieux. La défense par avocats, et la défense verbale ou écrite, seraient interdites aux accusés. Les sentences de cet infâme tribunal, ne seraient soumises ni à une cour d'appel, ni à une cour de cassation.

Peut-on douter maintenant, que la secte jésuitique ne fasse aujourd'hui tous ses efforts, pour reproduire et reconstituer partiellement une véritable inquisition, sous des formes mal déguisées. Déjà elle a obtenu des lois qui portent l'empreinte bien caractérisée d'un principe inquisitorial. C'est ainsi que pour le malheur de la belle France, les *Jacobinières de Mont-Rouge, de Saint-Acheul*, etc., etc., arrivent peu à peu à leur but désorganisateur et destructeur, en replongeant le peuple dans l'ignorance et en cherchant à lui rendre les erreurs et les superstitions des siècles de barbarie ; ils veulent enfin procurer à la France le même genre de bonheur et de gloire, que la secte monachique et jésuitique procure aujourd'hui à la malheureuse Espagne.

Il faudrait un gros volume, pour relever toutes les erreurs dangereuses et anti-sociales, qui fourmillent de toutes parts dans le livre des crimes de la presse ; mais je me bornerai à faire quelques réflexions sur le *Chapitre XIX* de cet écrit, contenant une diatribe amère et virulente contre l'un de nos plus savans députés (1).

L'auteur, vrai Pigmée en logique, ne cesse de déraisonner avec âcreté, et sa fureur s'exhale

---

(1) M. ROYER-COLLARD.

dans chaque page et pour ainsi dire à chaque ligne de son livre. Il oublie que les Pigmées ne savaient faire la guerre qu'à des grues, et qu'un jour, réunis en corps d'armée, ils osèrent attaquer *Hercule* seul et endormi. Le fils de Jupiter s'étant éveillé, regarde avec pitié, mais en souriant, cette fourmilière audacieuse et mutine. Puis, malgré le nombre des assaillans, il enveloppe toute l'armée dans sa peau de lion et l'emporte comme dans un sac pour les déposer aux pieds d'*Euristhée*, roi de Mycènes. De même aussi notre auteur du livre des crimes de la presse, en vrai Pigmée et sans être revêtu des armes de la logique et du bon sens, ose se mesurer avec l'un des plus grands orateurs de la tribune, avec ce puissant génie, si brillant d'éloquence et si fort de raisonnement.

Toute la dialectique de notre auteur Pigmée, est renfermée dans un cercle vicieux, qui se réduit à soutenir naïvement, que la vérité est vraie, et que celui qui ose nier la vérité de notre religion, qui est vraie, (et à cet égard son antagoniste ne le contestait pas), mérite sans rémission d'être puni dès ce bas monde, et d'y jouir par anticipation des douceurs de l'enfer. C'est dans ce raisonnement lumineux, que les moines, que les jésuites ultramontains et tous les prêtres fanatiques, puisent leur haine implacable contre les protestans, et en général, contre tous les hérétiques et tous les mécréans. Ils voudraient les convertir à force ouverte et les exterminer tous, ici bas, comme des séditieux, comme des rebelles, comme des criminels, dignes de la mort et des plus cruels supplices, parce qu'ils se refusent à croire certaines vérités révélées et incontestables parce qu'elles sont vraies. Voulant ensuite, à tout prix, accorder aux vérités qui sont vraies, la terrible prérogative de *vérités légales*, il soutient, avec la même force de logique, que les autres gouvernemens, non catholiques, ne peuvent pas obtenir le privilége ni le droit, d'avoir aussi des *vérités religieuses légales*. Il en résulte, d'après son intention, ou du moins d'après son raisonnement, que quiconque se refuserait de croire aux vérités de notre religion, devenues *vérités légales*, celui-là sera rebelle à la loi d'état et par conséquent digne de mort.

Tel est le principe atroce de l'inquisition religieuse, que les jésuites professèrent de tout temps et professent encore, et dont l'auteur du livre des crimes de la presse s'est rendu l'apôtre.

S'il en était ainsi, quel triomphe pour le fanatisme altéré de sang humain ! bientôt il commanderait en maître aux gouvernemens assez dociles, pour devenir les bourreaux serviles des vengeances sacerdotales, bientôt il pourrait livrer aux bras séculiers, tous ceux qui ne voudraient pas croire à des vérités religieuses et légales, bientôt il obtiendrait le rétablissement de ce tribunal de sang, qui portait un nom dérisoire, celui de *saint Office*, bientôt il remettrait en usage contre des accusés non encore convaincus, *le supplice horrible de la question*, bientôt il renouvellerait les rigueurs de la *Saint-Barthelemy*, que des écrivains éhontés ont déjà la hardiesse d'appeler aujourd'hui *salutaires*, bientôt à l'exemple de la révocation de l'édit de Nantes, il obtiendrait la révocation de la *charte* qui autorise la liberté des cultes. On verrait alors de nouvelles dragonades qui, justifiées par des lois d'État, iraient de nouveau convertir les protestans à coups de sabre.

C'est ainsi que les jésuites parviendraient à

obtenir l'exécution des lois d'État, qui sur terre anticiperaient l'enfer et rempliraient dès ce bas monde l'office des démons.

Qu'on ne dise pas, que de pareilles craintes soient puériles et imaginaires. La triste situation de nos voisins au-delà des Pyrénées, ne prouve que trop, combien ces craintes se réalisent effectivement de nos jours, par la complication des désordres anarchiques de la faction monacale et jésuitique ; que de parjures ! toutes les capitulations sont violées ; que d'excès, que de violences et de crimes, ne démontrent-ils pas que tous les maux en Espagne sont l'ouvrage du fanatisme !

Tant de désordres et d'assassinats dans la péninsule, démontrent que notre ministère qui ne peut pas être complice des jésuites, est au moins impuissant pour y rétablir le bon ordre, et qu'il a été forcé, par une puissance occulte et inconcevable, à rétablir involontairement, sans doute, l'anarchie dans ce malheureux pays, en remettant l'autorité entre les mains d'une faction qui, aujourd'hui, opprime la souveraineté légitime ; et c'est précisément cette même faction, ainsi que leurs correspondans en France, qui craignent tant la lumière, et se déclarent les ennemis si implacables de la liberté de la presse.

L'auteur fanatique du livre des crimes attribués à la presse, est un logicien si profond, qu'il ne s'est pas aperçu, qu'en voulant démontrer les vérités de la religion chrétienne, par une *pétition de principe*, il en avait plutôt affaibli les preuves, s'il était possible. Ce n'est pas son intention, sans doute ; mais en osant violer les règles du raisonnement, au point de dire ou faire entendre, qu'une vérité est vraie, parce qu'elle est vraie, il a manqué de respect envers les mystères révélés de notre religion, en employant pour les défendre, des argumens puérils et absurdes. Il aurait dû plutôt annoncer, que la révélation existe par la foi, et que pour obtenir la foi, qui est un don de Dieu, il faut s'humilier et soumettre sa raison aux vérités de la divine révélation.

Notre auteur, très-probablement, ignore ce que c'est qu'une *pétition de principe*, et néanmoins, il a la témérité de se mesurer avec l'un des plus forts logiciens de notre époque. Il a si peu de tact, qu'il ne s'est pas même aperçu du ridicule qu'il avait encouru.

Pour l'instruction de ce néophyte dans l'art de raisonner, je consens à lui apprendre ce que tout le monde sait, ou doit savoir, qu'en logique, on appelle *pétition de principe,* la supposition pour vrai, de ce qui n'est qu'en question. Cette supposition est entièrement contraire à la raison, puisque dans tout raisonnement, ce qui sert de preuve, doit être plus clair et plus connu, que ce que l'on veut prouver. On peut rapporter à ce sophisme, tous les raisonnemens, où l'on voudrait prouver une chose inconnue, par une autre chose qui est autant ou plus inconnue, ou une chose incertaine, par une autre chose qui est autant ou plus incertaine.

Si l'auteur que je réfute, n'était que mauvais logicien, on se bornerait à le plaindre de son peu de jugement, mais il tient à un parti formidable, qui sent qu'avec la force en main, on peut se passer de tout, et même se moquer de l'art de raisonner, ce qui n'arrive que trop souvent à la secte jésuitique. N'est-il pas encore évident que ce parti dominateur, pour arriver à ses fins, ne recule pas, lorsqu'il faut fouler à ses pieds les principes de la religion chrétienne, et les maximes de l'évangile? Il se moque ainsi de la religion, comme il se moque, depuis si long-temps, de l'art de raisonner.

La secte ultramontaine considère que la religion, sous le point de vue qu'elle l'envisage, ne peut être maintenue et pratiquée que par la force, que par la terreur et par les supplices, tandis que la religion chrétienne, et je me fais un devoir de le répéter, est toute de paix, de douceur, et de charité : les gouvernemens catholiques doivent donc être bien persuadés qu'ils n'obtiendront jamais la paix et la tranquillité, et ne feront jamais le bonheur des peuples, tant qu'ils souffriront dans leur sein, la secte ambitieuse et perturbatrice des jésuites.

Je dois bien m'attendre à essuyer de la part de l'auteur du livre des crimes de la presse, un déluge de calomnies et d'injures. A coup sûr, il signalera le présent écrit, comme une des preuves les plus évidentes, des crimes de la presse. Suivant cet auteur si judicieux, je ne serai à ses yeux, qu'un hypocrite impie, irréligieux, athée, et séditieux, et ce ne sera qu'en haine de la religion, si je suis parvenu à prouver qu'il a complètement déraisonné ; mais après tout, est-il possible d'empêcher un loup furieux, de mordre, et de *hurler?* pourrais-je, d'ailleurs, me plaindre, lorsque le savant député, M. Royer-Collard lui-même, n'est pas épargné ? On va en juger par les citations qui suivent, elles sont tirées du livre des crimes de la presse, dans lequel l'auteur, en parlant du savant député, s'exprime ainsi qu'il suit :

(Page 131), *Il y a de la démence à force d'y avoir de la déraison.* — (Page 132), *Il y a créé de sottes attaques, pour se donner les honneurs du triomphe.* — (Page 135), Il lui reproche *un horrible blasphême; il a nié Dieu, il a été athée.* — (Même page), *Il a appuyé son horrible doctrine par des sophismes.* — (Page 137), *Son discours est un monument à jamais mémorable de sophismes, de démocratie, d'impiété, d'orgueil, et en même temps d'hypocrisie.* — (Page 138), Il le nomme, *cet homme d'orgueil,* etc.; etc.

Telles sont les charitables imputations, les aimables épithètes, et les douces calomnies que notre auteur atrabilaire, prodigue à un célèbre orateur, à un député du Corps-Législatif, à l'occasion d'un discours que ce même député a prononcé avec toute la convenance que le sujet méritait, et sans blesser l'orthodoxie la plus méticuleuse.

Mais pourquoi faudrait-il que l'auteur du livre des crimes de la presse, que cet écrivain du jésuitisme, ait ainsi que ses semblables, le privilége exclusif de dire des sottises, et de vomir impunément des calomnies contre ses adversaires ? Ne pourrait-on pas lui renvoyer ses injures à leur adresse avec beaucoup plus de raison ? Ne pourrait-on pas lui donner aussi des qualifications, qu'on ne pourrait taxer, tout au plus, que de médisance? Aurait-il le droit de s'en plaindre en justice? Je ne vois pas pourquoi je me gênerais à son égard ; et pour débuter, je vais l'apostropher à la manière du poète Homère, et je lui lancerai la plus grosse injure, et la mieux méritée.

« C'est à vous, *jésuite hydrophobe* et *lycantrope*, que j'adresse la parole. La rage éclate dans votre livre des crimes de la presse, les hurlemens épouvantables que vous y poussez, y retentissent dans chaque chapitre, et presque à chaque page. »

Cet ouvrage immodéré, assez mal écrit,

dicté avec une fureur aveugle, dépourvu de logique, ne prouve-t-il pas que ce coriphée des doctrines de Mont-Rouge, est malheureusement attaqué d'hydrophobie et de licantropie?

Ce qu'il y a de plus funeste dans ces horribles maladies, et surtout dans l'hydrophobie, c'est que le caractère spécifique de la rage est, comme on sait, l'envie de mordre indistinctement et ses amis et ses ennemis. Nous en voyons des exemples dans le livre *des crimes de la presse*. On est tout étonné, en le parcourant, d'y trouver une liste ou une catégorie nombreuse de personnages dans tous les rangs et de toutes les opinions politiques et religieuses, que ce loup enragé, attaque avec furie et qu'il cherche à blesser par ses morsures envenimées.

Mais, ô surprise extrême!!! on voit figurer dans cette liste fatale, l'un des meilleurs amis de cet auteur forcené, et cet ami, c'est M. L'ABBÉ DE LA MENNAIS. Il l'attaque par jalousie de métier, sans doute. Cependant il l'appelle un écrivain célèbre, mais en même temps il lui reproche d'avoir molli un instant et d'avoir commis un crime qui est irrémissible au tribunal de *Mont-Rouge*. Ce crime consiste à être convenu *du mérite incontestable et de la rare habileté de raisonnement de* M. ROYER-COLLARD. Ma citation est textuelle, c'est ce qu'on pourra vérifier à la page 139 du fameux livre *des Crimes de la presse*. Hé! qu'avait-il besoin de mordre cet abbé, pour le punir d'avoir montré un instant de bon sens et de raison? Pourquoi déchirer ce nouveau père de l'Église? Il n'était pas nécessaire de lui inoculer de nouveau le virus hydrophobique. On peut voir ce que j'en ai dit plus haut à la page 70, du deuxième chapitre précédent.

Quoi qu'il en soit de ce livre des crimes de la presse; de ce manifeste des missionnaires de la foi; de cet avant-coureur de l'anéantissement de la liberté de la presse et de l'établissement d'une censure inquisitoriale, il n'en est pas moins vrai, que ce libelle mériterait à plus juste titre, d'etre poursuivi par un réquisitoire, comme contenant des principes dangereux et véritablement nuisibles à l'État et à la religion. C'est enfin le devoir du ministère public, de dénoncer des réalités criminelles, plutôt que de poursuivre des tendances idéales.

Les ministres d'État, et le ministère public, n'auraient-ils pas dû s'opposer plutôt au refus scandaleux du Clergé, d'assister aux obsèques de Louis XVIII, de glorieuse mémoire?

Il sera difficile d'oublier la conduite de ces prêtres orgueilleux, qui, sous prétexte de vaines préséances, se retirèrent fièrement, en refusant d'accompagner le corps de l'illustre souverain jusqu'à *Saint-Denis*.

Ces ministres du culte, manquèrent de présence d'esprit. Que ne suivaient-ils le convoi sans étiquette, et sans prendre un rang contesté? Ils auraient alors donné l'exemple de prêtres chrétiens, pratiquant l'humilité évangélique, et se montrant en même temps (1), sans rancune, contre l'immortel auteur de la CHARTE.

---

(1) Voyez ci-dessus, page 183.

CHAPITRE II.

Réflexions sur les Évêques et les Prêtres de la primitive Église, et de l'Église moderne, suivies de réponses aux reproches de M. de Sénancourt, sur le même sujet.

Il me reste encore à répondre aux imputations et aux reproches injustes qui m'ont été adressés, au sujet de mes réflexions sur les prêtres et les évêques de la primitive église, et sur ceux des temps modernes.

M. *de Sénancourt* blâme la surveillance, qu'on voudrait exercer sur la conduite de quelques mauvais prêtres, de nos jours. Il ne veut pas qu'on examine, si les ministres du culte sont dignes de cette confiance si bien méritée, que leurs prédécesseurs obtenaient à des époques anciennes, et principalement lors de l'établissement de l'église primitive. Ce critique paraît si peu instruit sur cette matière, qu'il semble ignorer l'origine des prétentions de l'autorité spirituelle sur l'autorité temporelle. On le soupçonne de ne pas connaître les circonstances qui favorisèrent, en France, l'empiétement et l'usurpation de la puissance ecclésiastique sur la puissance séculière. Si ce critique trop susceptible, voulait s'en instruire, qu'il lise sur ce sujet *le Constitutionnel* du 3 octobre courant, dont voici l'extrait que je crois devoir placer ici pour éclairer la discussion.

« Dans l'origine, l'église fut dotée de seigneuries temporelles, qui donnèrent aux évêques de France beaucoup de part dans les affaires de l'État. Ces affaires se traitaient dans les assemblées générales, où les évêques, comme plus instruits, se rendaient plus utiles que les autres seigneurs. Ils avaient par conséquent, plus d'influence. C'est de là que provient la source de ce mélange du spirituel et du temporel, qui, alors comme aujourd'hui, fut si pernicieux aux intérêts des princes. Ces prélats, se voyant seigneurs, et admis à participer au gouvernement de l'État, s'imaginèrent y avoir droit comme évêques, tandis qu'ils n'avaient obtenu quelques priviléges temporels qu'en leur qualité de seigneurs. »

On doit observer que cette portion d'autorité

temporelle, ne devait pas s'étendre au-delà de la seigneurie qui leur était affectée.

Il en est de même de la puissance temporelle du pape. Elle ne doit pas s'étendre au-delà de ses États. Tout pontife romain, qui a prétendu exercer, dans ce bas monde, une monarchie universelle terrestre, ou temporelle, a cessé dès-lors d'être véritablement chrétien, ou du moins de professer les maximes et la doctrine de *Jésus-Christ*, qui a dit formellement : *Mon royaume n'est pas de ce monde;* mais l'ambition immodérée qui chez les gens d'église est devenue, pour ainsi dire, une seconde nature, fait disparaître l'humilité, le désintéressement et la charité évangélique qui devraient toujours distinguer les ministres de l'autel. Ils eurent la prétention de vouloir juger les rois, non-seulement au tribunal de pénitence, mais encore d'avoir le droit de les citer par-devant les conciles, comme étant justiciables des tribunaux ecclésiastiques.

La cérémonie du sacre de nos rois, introduite depuis le huitième siècle, ainsi que l'a dit M. *Fleury* dans son *troisième discours sur l'histoire ecclésiastique,* servit encore de prétexte pour en imposer à la royauté. Les évêques, en plaçant la couronne sur la tête des rois, faisaient accroire aux princes faibles, ignorans et superstitieux, qu'ils n'obtenaient légitimement leur royaume, qu'en le recevant de la part de Dieu, par les mains de ministres qui se prétendaient investis de la puissance divine sur terre, comme représentans immédiats de Dieu.

C'est d'après de pareilles prétentions, que résultèrent les actes les plus révoltans de la part des papes et des évêques contre la royauté. On vit des rois excommuniés, déposés, assassinés; on vit le fanatisme allumer des guerres de religion, suscitées contre les trônes; et enfin la doctrine du régicide fut prêchée ouvertement, par des théologiens corrompus, qui appuyaient leurs principes sur les prétentions exorbitantes du clergé et des papes.

Ce système d'empiétement et d'usurpation d'autorité fut adopté par les ministres du culte, qui, foulant à leurs pieds les préceptes de la religion chrétienne, convoitaient les richesses terrestres de ce bas monde, et voulant, disaient-ils, s'en emparer pour la gloire de Dieu, ils s'appliquèrent, dans toutes les occasions, à en imposer au stupide vulgaire et à rançonner la crédulité. Pour réussir dans leurs projets ambitieux, ils y employèrent toutes sortes de moyens, souvent les plus criminels de séduction, de violence et de cruauté, afin d'extorquer les biens d'ici bas, et ils allèrent même jusqu'à usurper des principautés et des royaumes, après en avoir expulsé les souverains légitimes, par des intrigues, par des séditions et des complots, dont l'histoire fournit de nombreux exemples.

M. de Sénancourt, en me prêtant de mauvaises intentions, me fait un crime d'avoir invoqué les canons de plusieurs saints conciles, pour rappeler aux évêques et aux prêtres, qu'ils devraient montrer l'exemple en pratiquant les vertus de la primitive église.

Voici le nom des conciles que j'ai osé citer, savoir : ceux *d'Arles*, années 314 et 1234; de *Carthage*, en 349, 397 et 398; de *Châlons-sur-Saône*, en 813; de *Cologne*, en 1536; d'*Elvire*, en 300; de *Mayence*, en 813 et 888; de *Nice*, en 300; d'*Oxford*, en 1222; de *Pavie*, en 850; de *Reims*, en 813; de *Rome*, en 744, 787 et 1059; de *Saltzbourg*, en 1420; de *Tolède*, en 589; de *Tours*, en 813 et 1239.

Nos lecteurs pourraient en vérifier les citations dans le livre *des Comédiens et du Clergé*, aux pages 67, 69, 127, 128, 201, 344, 345, 347, 349, 350 et 351.

Dans quelques-uns de ces canons et décrets des conciles, insérés dans le livre *des Comédiens et du Clergé*, M. de Sénancourt en rapporte les citations suivantes. *C'est par la foi que l'évêque soutiendra son rang..... Il doit avoir son petit logis. Sa table sera pauvre et ses meubles de vil prix.* (Concile de Carthage, l'an 398, et concile de Pavie, l'an 850.)

Tels sont les passages choisis malignement par M. *de Sénancourt*, par ce vétilleux inquisiteur, qui va jusqu'à blâmer les canons de l'église qui jadis recommandaient aux évêques la simplicité évangélique et la pratique des vertus chrétiennes de la primitive église. Il s'écrie ensuite avec indignation : *Croit-on sans dessein à une telle bassesse d'expression?* Puis il ajoute jésuitiquement, *on verra l'auteur insinuer qu'un évêque, dînant avec des pauvres, serait tout aussi respecté qu'en sortant de la table d'un ministre.*

Je n'ai point parlé dans mon livre de la table d'un ministre ; mais si M. *de Sénancourt* sait raisonner, il doit convenir qu'il avoue par sa dernière phrase, qu'un evêque est plus respectable à la table d'un ministre d'État qu'à celle d'un pauvre, ce que je ne prétends ni soutenir, ni contredire.

La grande colère et l'indignation de *M. de Sénancourt* sembleraient annoncer, qu'il n'a jamais entendu parler de ces anciens et vénérables prélats, qui n'avaient de luxe que les aumônes qu'ils répandaient sur les pauvres, et de cortège que leurs vertus. Ces pasteurs si respectables unissaient cependant à toute la simplicité des premiers apôtres, la fermeté et le courage; ils tonnaient en chaire contre les abus et les vices et ils prêchaient avec autant de zèle que d'onction la charité, l'humilité et le mépris des richesses.

Si le premier pape *saint Pierre* revenait sur terre avec les dehors de la pauvreté et de la simplicité, je craindrais bien qu'il ne fût méconnu de *M. de Sénancourt*, car il ne veut que des prélats riches, traînés dans de brillans équipages, jouissant de grands biens et logés dans de somptueux hôtels. Il dédaignerait sans doute un évêque modeste et simple, dont la table serait pauvre. Il le trouverait plus respectable à la table d'un ministre d'État, plutôt que dînant avec des personnes peu fortunées. Il ne voudrait, enfin, voir dans les évêques que de grands seigneurs, entourés de tout le luxe mondain de nos princes séculiers.

Si *M. de Sénancourt* pouvait être soupçonné de remplir la tâche d'un écrivain vénal, et si on avait l'injustice de croire, que le clergé l'eût pris pour en faire son défenseur et son panégyriste, on serait obligé de convenir, que les évêques auraient choisi un avocat bien mauvais et bien malhabile. Quoi qu'il en soit, il y a toujours plus de profit d'écrire en faveur de ceux qui ont du crédit et de l'argent.

Je ne puis m'imaginer enfin, par quelle raison *M. de Sénancourt*, que je n'ai pas l'honneur de connaître, m'a attaqué si gauchement et avec si peu d'esprit. J'ignore entièrement s'il a une réputation littéraire ; au surplus elle n'est pas encore parvenue jusqu'à moi, et la critique amère qu'il m'a décernée n'en fait pas preuve. Serait-il le même dont il est parlé dans le cinquième tome de la Biograph des hommes vivans, in-8°, par M. Michaud; Paris, 1819? On y lit en effet, à la page 355, qu'un *M. de Sénancourt* est auteur de plusieurs ouvrages, où l'on trouve *beaucoup d'exaltation, du vague, de l'obscurité et une couleur constamment sombre.* A ces traits de famille, celui-ci et mon critique pourraient être parens.

Quoi qu'il en soit, je suis surpris que mon adversaire, qui porte aussi le nom de *Sénancourt*, ait eu la fantaisie de déchirer mon livre *des Comédiens et du Clergé* sans l'avoir bien compris. On pourrait croire qu'il n'a pas su rendre compte de cet écrit qu'il prétendait critiquer. La cause des Comédiens, que je ne prétends pas avoir défendue aussi habilement qu'elle le méritait, est pourtant bien facile à comprendre. L'article assez mal écrit de cet auteur, ne présente point une analyse claire de mon ouvrage, et n'en fait point connaître les parties principales. Il aurait dû en saisir le but et en présenter les traits les plus saillans qui le caractérisent. Il pouvait parler des trois âges de la comédie, et contrôler cette division s'il l'eût jugé à propos. Il aurait pu admettre ou rejeter la manière dont j'ai envisagé les droits des comédiens, que j'ai placés sous l'égide de l'autorité des rois et de l'autorité du pape, qui, à Rome, n'anathématise pas la profession de comédien. Il était libre enfin, d'après ses opinions jésuitiques, de justifier le fanatisme de quelques prêtres qui prétendent encore, contre toute justice, pouvoir excommunier les acteurs et leur refuser les prières de l'église et la sépulture, à raison de leur profession.

Loin d'éclairer la discussion à la lueur du flambeau d'une critique saine, *M. de Sénancourt*, sans aucune transition et sans aucunes réflexions préalables, se permet aussi de divulguer, pour son propre compte, les farces et les processions licencieuses et quelquefois obscènes du clergé d'autrefois. Il se plaît à parler de *la mère Sotte* et du *Prince des sots*, ainsi que du contrat d'un mariage mystique d'une pénitente avec *Jésus-Christ*; de *frère Arnoux*, carme déchaussé, confesseur de cette dévote, qui joue le rôle de notaire pour apposer sa signature à cet acte bizarre; mais M. *de Sénancourt*, voulant donner un échantillon de son orthodoxie, a bien soin de dire *que ces sortes d'alliances spirituelles deviennent rares depuis que les croyances se perdent*, et c'est lui-même qui fait remarquer ces derniers mots, imprimés en lettres italiques, à la page 265 du *Mer-*

eure du dix-neuvième siècle, que j'ai indiqué dans le chapitre Ier qui précède.

C'est ainsi que *M. de Sénancourt* m'a attaqué si charitablement pour plaire aux *pères de la foi* et leur offrir une victime digne de leur être offerte inquisitorialement. Quelle jouissance pour lui et pour ses semblables, si un réquisitoire terrible, digne des siècles d'ignorance et de barbarie, me déclarait impie et sacrilége, et provoquait ma condamnation, d'après des imputations aussi injustes qu'odieuses !

CHAPITRE XIII ET DERNIER.

De l'utilité de l'art théâtral, et des dangers attachés à la profession de Comédien, sous le rapport des mœurs.

L'utilité de l'art théâtral dans l'ordre social, et les dangers attachés à la profession de comédien, sous le rapport des mœurs, offriraient la matière d'une discussion importante, qui mériterait d'être traitée avec une certaine étendue : mais ce sujet est entièrement hors de la question que je me suis proposé d'éclaircir. Je n'ai voulu prouver autre chose, sinon que les prêtres ne sont plus en droit d'anathématiser ni les comédiens, ni leur profession ; et que vis-à-vis de l'église, un acteur doit être considéré à l'égal des autres citoyens, puis qu'il est citoyen lui-même et qu'il jouit de tous les droits civils sous la protection des lois.

Tous les citoyens, en effet, qu'ils soient

comédiens ou non, lorsqu'ils professent la religion chrétienne, n'ont droit aux prières de l'église et aux honneurs sacrés, qu'autant qu'ils se soumettraient aux pratiques religieuses et aux commandemens de la morale divine.

Je ne m'étendrai donc pas sur les deux sujets indiqués dans le titre du présent chapitre; mais je crois devoir faire sentir ici, que les dangers de la profession de comédien, ne peuvent justifier les rigueurs de certains prêtres fanatiques, qui par ignorance des lois ecclésiastiques, et au mépris des lois séculières, prétendraient avoir le droit d'anathématiser la profession théâtrale, et refuser aux acteurs, les prières de l'église, et la sépulture en terre sainte.

Je suis bien éloigné de pallier la vérité, au sujet des dangers de la profession de comédien, sous le rapport des mœurs; mais je dirai que, d'un côté, le souverain, par ses ordonnances, et en confiant à ses agens, la surveillance des théâtres, a suffisamment pourvu aux mesures nécessaires, pour prévenir les abus qui pourraient naître de l'exercice de l'art théâtral. Que d'un autre côté, c'est aux prêtres à redoubler de zèle, pour exhorter les comédiens à se bien conduire, et pour leur faire envisager les périls imminens dont ils sont continuellement environnés.

La profession de comédien, n'est pas réellement contraire à la religion. Le *Père Bouhours*, jésuite que nous avons déjà cité à la page 136 du Chapitre VII, qui précède, a dit que *la comédie purgée de la turpitude des spectacles licencieux, et rectifiée sur le plan d'Aristote, est un amusement agréable, qui n'a rien de pernicieux.* — M. *Boursault* (Edme), né en 1638, mort en 1701, homme de lettres distingué, protégé par Louis XIV, et qui fut honoré de l'amitié de Thomas Corneille, disait : *Dans ce siècle corrompu, la comédie est un divertissement, et un spectacle qui peut s'allier avec la dévotion.* Le célèbre abbé *Nicole* (Pierre), né en 1625, mort en 1675, auteur des Essais de morale, qui jouissent d'une haute réputation, rapporte que *Saint-Augustin* (évêque d'Hippone, en Afrique, en 395), s'accusait de s'être laissé attendrir à la comédie. Donc ce saint évêque, père de l'église, l'un des plus savans docteurs de son temps, allait à la comédie : mais *Nicole* disait aussi que le danger de la comédie, est qu'on y fait paraître bien souvent le vice aussi aimable que la vertu.

La comédie a toujours été regardée comme le délassement le plus digne de charmer les nobles loisirs des souverains, et des grands-hommes : elle est encore le divertissement des hommes d'état, des grands seigneurs, des gens polis, et l'amusement du peuple ; elle est propre à rectifier les mœurs, en employant le plaisant et le ridicule ; elle a pour but de faire rire et d'instruire le spectateur.

Si la comédie a trouvé des protecteurs parmi d'illustres et de savans ecclésiastiques, elle a aussi rencontré des détracteurs implacables, parmi les mauvais prêtres, hypocrites ou tartufes. Il n'est pas surprenant qu'il s'en trouve toujours quelques-uns, assez fanatiques pour se croire en droit d'anathématiser la profession de comédien, la raison en est simple ; la comédie a souvent contribuée à démasquer l'hypocrisie, et la tartuferie des gens d'église. On ne doit donc pas s'étonner, si de nos jours encore, le nom seul de *Molière*, est si odieux aux hypocrites de la présente époque. Ils ne pardonneront jamais à cet auteur, d'avoir fait un chef-d'œuvre qui offense si vivement les tartufes anciens et modernes. En effet, leur ressemblance est parfaite avec le tableau qu'en a tracé cet auteur célèbre, le père de la comédie.

Quant à l'art théâtral, je n'en dirai que peu de mots. Les célèbres acteurs et actrices qui l'ont honoré dans tous les temps, en font l'éloge. Ils s'y montrèrent sublimes dans toutes les grandes expressions, dans ces tableaux frappans des infortunes humaines, dans ces actions terribles et déchirantes qui arrachent le cœur, ainsi que dans la représentation des sentimens les plus tendres, que nos actrices expriment avec une perfection et un charme, dont on peut à peine se faire une idée.

Je ne dois pas non plus oublier ceux qui se dévouent au culte de la musique et de la danse, et qui sur le théâtre, nous délassent et nous ravissent. Si la danse occupa les loisirs d'un des sept sages de la Grèce, de *Socrate,* auquel la belle *Aspasie* apprit à danser, et si, long-temps auparavant, le roi David ne dédaigna pas de danser devant l'arche, la musique aussi a droit à nos hommages : cette science sublime dans sa théorie, et délicieuse dans la pratique, est, au dire des poètes, un présent des dieux ; elle suspend nos ennuis, et adoucit nos chagrins.

Que de fameux acteurs dans l'art musical, et que de charmans danseurs et danseuses dans nos opéras, illustrèrent la scène, et l'embellissent encore aujourd'hui !

Nous pouvons donc nous vanter de posséder de nos jours, des sujets du premier mérite dans tous les genres. Je voudrais en inscrire ici les noms, pour en décorer mon écrit. De les nommer seulement, serait pour eux, un éloge complet.

Je me permettrai seulement de proclamer le grand *Talma*, les *Mars*, les *Duchesnois*, les *Bourgouin*, etc., etc., en regrettant de taire le nom de tant d'autres non moins illustres. Ils méritent notre admiration, car tout mortel qui excelle dans un art aussi difficile, est appelé à jouir de la célébrité.

FIN.

TABLE
DES MATIÈRES.

PRÉFACE. Invitation aux lecteurs de telle opinion qu'ils puissent être, de ne juger l'ouvrage qu'après l'avoir lu en son entier. . . . . Page 5

TABLE des chapitres et articles, contenus dans le présent ouvrage. 7

AVIS AU LECTEUR, pour le prévenir que la table des matières, en lui indiquant les principaux articles qu'il voudrait connaître dans le présent ouvrage, lui épargnera l'ennui de le lire en son entier. . . 10

DONATION en faveur du public. 11

DISCOURS PRÉLIMINAIRE. Motifs de l'auteur en publiant son écrit. Il veut se rendre utile, s'il est possible, à la cause qui va être agitée contre les deux journaux inculpés par le réquisitoire du 30 juillet 1825, de M. le Procureur-Général Bellart. . . . 13

La condamnation de ces deux journaux paraît à l'auteur comme très-probable, par la nature même de la loi de tendance, du 17 mars 1822. Page 14

Le but de l'auteur est de déjouer, s'il est possible, toutes les espèces d'hypocrisies et de charlataneries littéraires, politiques et religieuses . . . 14

De l'intolérance politique et religieuse 15

Les prêtres abusent de leur influence religieuse pour augmenter leurs richesses et leur autorité sur terre. 16

L'apôtre saint Paul place la charité avant la foi. 17

Morale chrétienne d'après les quatre évangélistes. 18

Une foule de théologiens étouffent la morale chrétienne et évangélique dans leurs énormes traités remplis de subtilités et de mauvaise foi. . 20

Les gouvernemens se laissent corrompre en adoptant en politique l'immoralité religieuse des prêtres. 21

L'alliance du gouvernement avec le sacerdoce est la source inévitable de tous les maux qui affligeront les États. . . . . *Ib.*

Origine de l'aversion du fanatisme religieux contre le progrès des lumières. 22

Les philosophes de tout temps s'opposèrent à l'ambition, et déjouèrent les prétendus miracles des prêtres des païens. 23

Des assassinats judiciaires commis à l'instigation des prêtres. 24

Intrigues et manœuvres des jésuites pour démoraliser les hommes, en se chargeant exclusivement de l'instruction de la jeunesse. . . . Page 25

Efforts des prêtres des fausses religions, pour fatiguer l'esprit humain et pour égarer la raison par les idées théologiques les plus incohérentes, et par les mystères les plus absurdes. 28

Causes qui ont produit et produiront encore la puissance occulte des prêtres et des jésuites. . . 29

Les prêtres s'efforcent de persuader aux hommes et aux gouvernemens peu éclairés, *que l'ignorance est le partage nécessaire du peuple, qu'il est dangereux pour l'État et pour la religion de lui accorder une instruction approfondie. Que moins il est éclairé plus il est aisé de le gouverner.* 31

Dangers du pouvoir absolu. 32

Haine du fanatisme jésuitique contre l'enseignement mutuel. 34

Réflexion sur *l'autorité occulte* des prêtres. . . 35

La faction religieuse veut être dépositaire des sciences humaines, et se rendre redoutable par la terreur et les supplices. 37

La faction religieuse présente la Divinité sous un aspect terrible, mais qu'on peut aisément fléchir par la soumission aux prêtres et en comblant ceux-ci d'offrandes. 38

De l'origine de l'intolérance et du fanatisme. 39

L'autorité spirituelle des prêtres toujours rivale de la souveraineté temporelle. 40

La secte anarchique des jésuites ne rêve que l'inquisition, et donne aux souverains le conseil perfide d'exercer le pouvoir absolu. . . . . Page 41

Le salut des États, la sûreté des souverains et le bonheur des peuples résident dans la justice. . 42

Pour être heureux et faire le bonheur des peuples, les souverains et les ministres d'état doivent eux-mêmes prêcher d'exemple en pratiquant la morale. 43

Conseils aux tribunaux qui s'opposeraient à la manifestation de la vérité. 44

Désordres et ravages causés en Espagne, par les factions monachiques et jésuitiques ultramontaines, malgré le Saint-Siége. 45

Le silence du pape sur les désordres du fanatisme en Espagne, compromet le Saint-Siége. . . 46

Déclaration franche et loyale proposée au pape pour ramener infailliblement à la communion de l'église romaine, toutes les puissances qui ne s'en sont séparées que par l'effroi que leur ont causé les prétentions de l'ultramontanisme. . . . . *ib.*

Les bûchers de l'horrible inquisition produisirent les grands schismes qui enlevèrent au catholicisme la moitié de l'Europe : l'autre moitié s'en séparera si le saint siége ne s'oppose aux excès et à l'immoralité du jésuitisme. 47

Le pape rendra la paix à l'Église et à tous les gouvernemens chrétiens, s'il chasse et détruit les jésuites, définitivement et sans retour. 48

CHAPITRE PREMIER. ALLÉGATIONS DE M. DE SÉ-
NANCOURT, DIRIGÉES CONTRE L'AUTEUR DU LIVRE IN-
TITULÉ : *des Comédiens et du Clergé*. 49

 M. de Sénancourt reproche le titre même de l'ouvrage à l'auteur, qu'il accuse jésuitiquement de n'avoir proclamé qu'en apparence et avec hypocrisie, les maximes pures, chrétiennes et évangéliques invoquées dans le livre *des Comédiens et du Clergé*.. 50

CHAPITRE II. RÉFLEXIONS SUR LE TITRE DE L'OU-
VRAGE INTITULÉ, *des Comédiens et du Clergé*, ET
SUR LES CHARLATANERIES LITTÉRAIRES, POLITIQUES ET
RELIGIEUSES. 52

 Fontenelle, et après lui *Mirabeau*, ont dit que certains mots, que certaines expressions *hurlaient d'effroi* de se trouver ensemble. . . . . . *Ib.*

 Les comédiens ne sont pas dans le monde les seuls qui jouent la comédie. 53

 C'est tout à la fois se rendre utile à la religion et à l'État, que de démasquer les hypocrites et les tartufes en religion comme en politique. . 54

 L'auteur justifie le titre du livre *des Comédiens et du Clergé*. 55

 Réflexions sur les qualifications respectables de *Pères de la Foi*...., *Missionnaires*..., etc.. . *Ib.*

 Des jésuites, dans les Pays-Bas, en Irlande

et en France. *Viles ut canes. — Astuti ut vulpes. —Terribiles ut leones.* . . . . Page 56

Critique de la brochure intitulée, *les Jésuites, peints par* Henri IV. 57

Efforts du jésuitisme, pour amener en France les mêmes troubles et les mêmes désordres qu'il commet en Espagne. 59

Le fanatisme monacal et jésuitique, comprimé en Portugal par le gouvernement anglais. . 60

Réflexions sur la position politique de la sainte-alliance. 61

Éloge de *Canning*, premier ministre de la puissance britannique. 62

Réflexions sur la protection impuissante accordée à l'Espagne. . . . . *Ib.*

Réflexions contre l'aveuglement acharné de ceux qui voudraient aujourd'hui renverser le personnel du ministère en France. 63

Réflexions sur les *Congréganistes*, considérés comme espions *obligés* de la société des jésuites non encore reconnue en France. 64

Espionnage du jésuitisme, au moyen de confesseurs curieux, qui, au tribunal de la pénitence, questionnent adroitement les maris et les épouses, les enfans et les valets. 65

Rapports généraux de l'espionnage jésuitique dans tous les pays. Ils sont transmis au général des jésuites résidant à Rome 66

De l'influence et de la corruption exercées

sur les ministres d'État, par la société *monastico-politique* des *jésuites* ou *pères de la foi.* Page 67

De la corruption des écrivains soudoyés et des gazetiers salariés par le jésuitisme. 68

Réflexions sur les mots atroces *rigueurs salutaires*, tendant à justifier et à préconiser les *Saint-Barthélemy* religieuses et politiques. . . . *ib.*

Tous les écrivains *jésuitisés* appellent à grands cris les mesures *inquisitoriales* et tous les fléaux qui sont la conséquence de l'intolérance théocratique. 69

Jugement porté contre les écrits de M. *l'abbé de la Mennais*, auteur de *l'Essai sur l'indifférence en matière de religion.* 70

Voyages de *l'abbé de la Mennais* en Suisse et à Rome. 71

L'abbé de la Mennais réclame avec humeur les biens de ce bas monde en faveur du clergé. . . 72

Le clergé en France y reçoit plus de *cent millions* par an. *Ib.*

Bonaparte jugé par M. le vicomte de Châteaubriant. 73

Bonaparte considéré comme usurpateur du directoire. 74

Bonaparte oppresseur de la liberté et partisan du pouvoir absolu. 75

Bonaparte, médiocre dans l'adversité. . . . . *Ib.*

Bonaparte, eu égard à ses grandes qualités, sera à jamais un homme célèbre. 76

Le moral de *Bonaparte* modifié par son physique. . . . . Page 77

Bonaparte mis en parallèle avec *Alexandre-le-Grand, César* et *Charles XII.* . . . . *Ib.*

Du pouvoir absolu, considéré comme l'ennemi irréconciliable de la liberté et des droits imprescriptibles et inaliénables des peuples. 78

Du gouvernement théocratique, considéré comme le plus détestable de tous les gouvernemens. 79

De la théocratie du gouvernement des *Hébreux*, et de la théocratie de l'inquisition. . . . 80

Du gouvernement absolu entre les mains d'un grand conquérant. 81

Les grands conquérans, considérés comme des comédiens remplissant des rôles d'acteurs sur la scène du monde. . . . . *Ib.*

Les plus grands ennemis des souverains sont les adulateurs et les prêtres, qui conseillent aux rois d'exercer le pouvoir absolu. 82

Petitesses et méchancetés exercées contre l'illustre La Fayette. . . . . *Ib.*

Réflexions sur *Washington* libérateur, sur *Napoléon* conquérant, et sur *Iturbide* empereur éphémère. 83

Le beau nom de *libérateur* fera désormais pâlir les noms d'empereur et de conquérant. . . . . *Ib.*

Parallèle entre *Washington* et *Napoléon*. . . . 84

Napoléon, suivant M. de Châteaubriant, gagnait ses victoires à *coups d'hommes*. . . . . . . *Ib.*

Suivant M. *le comte de Bonald*, l'armée française, dans l'expédition de *Moscou*, fut *engloutie dans un tombeau de cinq cent lieues, après une agonie de soixante jours.* . . . . Page 85

Rapport officiel du ministère russe sur le nombre des soldats qui périrent dans l'expédition de Moscou. . . . . *Ib.*

Le nombre des militaires français qui périrent, pendant le règne de *Bonaparte*, est évalué à *onze millions d'hommes.* 86

NOTICE SUR LE MINISTÈRE FRANÇAIS EN L'ANNÉE 1825. 87

Le ministère français est subjugué par l'influence anarchique des *jésuites*. . . . . *Ib.*

La faction jésuitique fait tous ses efforts pour faire taire l'opposition, en envahissant l'imprimerie et la librairie. 88

L'auteur désapprouve l'acharnement de tous les partis contre le personnel du ministère. . . . *Ib.*

Les *ministres* ne sont pas plus libres aujourd'hui, sur le fauteuil ministériel en France, que *Ferdinand VII* ne l'est sur son trône en Espagne. 89

De la *responsabilité ministérielle* en France. . . 90

La France ne peut qu'y perdre en changeant de ministres, tant que durera l'influence pestilentielle des *pères de la foi*. . . . . *Ib.*

Le ministère, une fois délivré du joug honteux des jésuites, sera libre de faire le bien. 91

Réflexions sur les entraves et sur les écueils qui entourent les ministres. . . . . Page 92

Les gouvernemens et les ministres commettent une grande faute en se livrant à un seul parti. 93

La *responsabilité ministérielle* est impossible sous un gouvernement subjugué par une faction. 94

L'absence de la *responsabilité ministérielle* fait naître des désordres inévitables. 95

Des bonnes qualités du ministère actuel, neutralisées par l'esprit de parti. 96

Regrets du ministère français, d'être dans l'impuissance d'arrêter les désordres affreux qui semblent se perpétuer en Espagne. 97

Qui le sait, la France possède peut-être un *Canning*. . . . . *Ib.*

Le premier ministre de France salué du nom de *Canning*. 98

Ce n'est point ni le ministère ni le premier ministre, qui réclament l'esclavage de la presse, ni l'envahissement de l'imprimerie et de la librairie. *Ib.*

Eloge du premier ministre de France. 99

Réflexions sur les opérations financières du premier ministre de France. . . . . *Ib.*

CHAPITRE III. De la Comédie et des Comédiens chez les païens et chez les chrétiens. 101

Des comédiens à la fois auteurs et acteurs. *Ib.*

Chez les païens, les comédiens empruntaient de la mythologie, le sujet de leurs comédies. Page 102

Les prêtres du christianisme se montrent en spectacle sur les théâtres. . . . . *Ib.*

Les *Jésuites*, grands comédiens de religion et de vertu, s'adonnèrent également au théâtre. . 103

Les jésuites inspirent à leurs écoliers le goût du théâtre. . . . . *Ib.*

Processions, farces et représentations indécentes et profanes des jésuites, dans lesquelles ils tournent en ridicule *saint Augustin* et ses disciples, *défenseurs de la grâce*. . . . . *Ib.*

Les anciens conciles contre les gens de théâtre, ne sont plus applicables aux comédiens français. 104

Des *clercs de la Basoche*, constitués en vrais comédiens, sans être excommuniés. . . . . . . *Ib.*

Les nobles ou gentilshommes, dans l'antiquité comme chez les modernes, s'adonnèrent à la profession de comédien. . . . . *Ib.*

Les troubadours, pour la plupart gentilshommes, étaient aussi de vrais comédiens.. 105

La profession de comédien ne dérogeait point à la noblesse. *Ib.*

Le clergé, à des époques plus ou moins reculées, employait la religion, à l'exemple des païens, pour émouvoir puissamment leurs spectateurs. 106

Les prêtres faisaient intervenir, dans leurs farces, dans leurs processions et dans leurs danses, les personnages les plus sacrés, sans en excepter la divinité. . . . . Page 107

Opinion de *M. de Sénancourt* sur les détails insérés dans le livre *des Comédiens et du Clergé*, concernant les prêtres qui jouèrent la comédie. . *Ib.*

M. de Sénancourt éprouverait une jouissance jésuitique, s'il réussissait à faire condamner l'auteur du livre *des Comédiens et du Clergé*. . . . 108

Réflexions sur le scandale, qui depuis trop long-temps existe aux yeux de tous les Parisiens, par le refus de M. le curé de Saint-Germain-l'Auxerrois, de se justifier d'avoir commis un faux matériel et de s'être parjuré pour se procurer des aumônes à son profit, et obtenir une riche cure, dont il serait indigne, s'il était coupable du crime dont il est accusé. 109

Indication des imprimés contenant les accusations de faux dirigées contre *M. Magnin*, curé actuel de Saint-Germain-l'Auxerrois. . . . . *Ib.*

M. de Sénancourt blâmera sans doute la publicité donnée à l'accusation de faux et d'imposture dirigée contre M. le curé Magnin. 111

Le principe pernicieux qui consiste à ne point divulguer les actes d'immoralité des prêtres, est inscrit positivement, dans les constitutions de l'infâme société des jésuites. . . . . *Ib.*

Éloge des bons prêtres depuis le rétablissement du culte et surtout depuis la restauration. 112

CHAPITRE IV. Du Clergé considéré comme protecteur et fondateur des comédiens du troisième age, en France, et comme en ayant lui-même exercé la profession. . . . . Page 113

 Les *Pélerins* revenant de la Terre-Sainte, premiers comédiens du troisième âge. 114

 La profession de comédien autorisée et approuvée par les souverains et par le pape. . . . 115

 Les anciens conciles concernant les théâtres ne sont plus applicables aux comédiens français. 116

 Des conciles d'*Elvire* et d'*Arles*, concernant les histrions et les cochers de cirque. 117

 Du concile de *Carthage*, qui défend aux ecclésiastiques de jouer la comédie. 118

 Des conciles de *Mayence*, de *Tours*, de *Reims* et de *Châlons-sur-Saône*, qui défendent aux ecclésiastiques d'assister aux spectacles. 119

CHAPITRE V. De la protection spéciale, sanctionnée par le Pape, accordée aux comédiens du troisième age, par l'autorité spirituelle et par l'autorité temporelle. 120

 Ordonnances de Charlemagne, concernant les histrions . . . . *Ib.*

 Les *pélerins*, comédiens du troisième âge, n'encourent pas l'excommunication. 121

 L'autorité séculière en protégeant les comédiens, ne doit pas éprouver une résistance anarchique de la part du clergé. . . . . Page 122

Les souverains français transfèrent les théâtres hors des églises, et soumettent les comédiens à de sages réglemens de police. 123

Les papes adoptent de pareilles mesures. . . 124

Les vexations du clergé de France contre les comédiens sont injurieuses envers le gouvernement. 125

Jésus-Christ a dit : *Mon royaume n'est pas de ce monde.* 126

De l'intolérance en matière de dogmes, de mystères et de croyances. 127

Les comédiens, eu égard à la religion, doivent être considérés à l'égal des autres citoyens. . . . 128

CHAPITRE VI. Des comédiens français rétablis dans leurs droits civils et religieux a raison de leur profession, et entièrement affranchis des anathèmes et des excommunications de l'église. 130

De la soumission des ecclésiastiques envers les souverains. 131

L'art théâtral devenu légalement une profession dans l'Etat. 132

Les comédiens ne doivent plus éprouver de la part des prêtres une *spécialité outrageante* pour avoir exercé la profession d'acteurs de comédie. 133

CHAPITRE VII. De l'inconséquence de quelques prêtres ignorans envers les comédiens, et de leur fanatisme mis en opposition avec l'autorité du pape et avec la conduite éclairée du haut clergé et des ecclésiastiques sensés en France. . Page 134

L'église ne peut s'exposer au reproche d'agir à l'égard des comédiens avec *deux poids et deux mesures*. . . . . *Ib.*

Un jeune acteur de la Gaîté qui se suicida, reçut néanmoins les prières de l'église par ordre de l'évêque de Versailles. 135

La sépulture est refusée à Molière par le curé de Saint-Eustache, et lui est accordée par le curé de Saint-Joseph. . . . . *Ib.*

Plusieurs fameux acteurs sont enterrés dans les églises de Saint-Sauveur et des Grands-Augustins, à Paris. 136

Epitaphe et éloge de *Molière* par le père Bouhours et par l'évêque d'Avranches. 137

Louis XIV appelle Molière le législateur des bienséances du monde. . . . . *Ib.*

Le cardinal *Lemoine* achète l'hôtel de Bourgogne et le donne aux comédiens. 138

Le cardinal *de Richelieu* protège les comédiens. *Ib.*

L'abbé Perrin, directeur de l'Opéra, à Paris. *Ib.*

Des théâtres à Rome. Des prêtres et des prélats assistent aux représentations qui s'y donnent. 139

De la défense qui empêche les actrices à Rome

de monter sur le théâtre, et veut qu'elles soient remplacées par de jeunes castra . . . . Page 139

Réflexions sur ce sujet. 140

CHAPITRE VIII. Actes de fanatisme et avanies, exercés par quelques prêtres contre des comédiens français. 141

Les prêtres fanatiques comparés aux *murailles blanchies* dont parlent saint Paul et saint Luc. . 142

Faux zèle de certains prêtres fanatiques peu instruits dans les matières théologiques. 143

La publication du livre intitulé *des Comédiens et du Clergé*, a eu lieu à l'occasion du décès de l'acteur Philippe. . . . . *Ib.*

Notice sur l'acteur Philippe, artiste du théâtre de la Porte-Saint-Martin. 144

Troubles causés par le refus que fit M. Martinet, curé de Saint-Laurent, de faire à l'église la présentation du corps de l'acteur Philippe. . . 145

Éloge de la police de Paris, à l'occasion des troubles excités par l'acte de rigorisme de M. le curé de Saint-Laurent. . . . . *Ib.*

Réflexions sur l'autorité des rois de France, considérée comme entièrement indépendante de l'autorité ecclésiastique. 146

De l'autorité temporelle, considérée comme protectrice de la religion. 147

De la corruption du clergé à diverses époques. . . . . Page 148

CHAPITRE IX. Des entreprises de la puissance spirituelle ecclésiastique, contre la puissance temporelle séculière. 149

Les ministres des autels, qui affichent l'indépendance envers les souverains, sont rebelles à la parole de Dieu. 150

Efforts des jésuites pour dénaturer et anéantir la vraie religion chrétienne. 151

Origine de la doctrine infâme des régicides. . 152

Éloge du souverain pontife actuellement régnant. 153

Les souverains, par trop de condescendance envers les prêtres, avilissent leur autorité. . . . 154

Efforts des jésuites pour se faire reconnaître légalement en France. 155

Les jésuites s'annoncent ouvertement comme membres d'un ordre tout à la fois monastique et politique. 156

La société des Jésuites anti-chrétienne se moque également de la religion comme de la morale . . . . Ib.

Caractère odieux de la religion jésuitique. . . 157

De l'ultramontanisme des anciens papes.. . . 158

Deuxième Éloge du pape actuellement régnant. Ib.

Cordon sanitaire religieux à établir entre l'Espagne et la France . . . . Page 159

Des congrégations, des coteries et des confréries jésuites, et des moyens d'en comprimer l'influence. . . . . *Ib.*

Du danger de permettre à l'autorité ecclésiastique l'exercice de la moindre portion d'autorité séculière. 160

Réflexions sur la tenue des registres de l'état civil par le clergé. 161

Des vexations du parti religieux. 162

Des exigences du parti religieux, toujours affamé de richesses et d'autorité. 163

L'ordre actuellement établi pour la tenue des registres de l'État civil, ne blesse en rien la puissance ecclésiastique, ni l'efficacité des sacremens de mariage et de baptême. . . . . *Ib.*

Réflexions sur les nouvelles lois inquisitoriales, sollicitées par le jésuitisme. 164

Des journaux courbés sous la loi de tendance du 17 mars 1822. 165

Réflexions sur l'effet que produirait une loi de tendance contre les auteurs. 165

La loi de tendance ferait condamner celui-là même qu'on voudrait accuser *d'avoir voulu voler les tours de Notre-Dame*. 166

Les *lois de tendance*, semblables à la loi des suspects, sont en jurisprudence ce que les agens provocateurs sont en police. . . . . *Ib.*

De la censure, considérée comme préférable aux lois de tendance et moins odieuse. . . Page 166.

Les deux journaux, *le Constitutionnel* et *le Courrier*, sont à la merci de l'opinion de leurs juges, et probablement seront condamnés. . . . 167

La loi de tendance du 17 mars 1822, considérée comme n'étant qu'une espèce de jury, uniquement composé de juges inamovibles, dont on connaît les opinions de longue main. . . . *Ib.*

Réflexions sur les juges de la cour royale, comparés aux anciens conseillers au Parlement, et considérés comme des juges ordinaires. . . *Ib.*

De la nécessité d'annuler la chambre des députés, motivée sur l'immoralité et l'illégitimité de la plupart des dernières élections. . . . 168

Le ministère actuel a désapprouvé lui-même les dernières élections. . . . . *Ib.*

La France sans cesse menacée du retour des institutions et des lois inquisitoriales. . . . . . *Ib.*

Ce ne sont point de vaines craintes, que de pressentir les dangers de l'influence du parti religieux, qui veut placer sur terre l'autorité spirituelle au-dessus de l'autorité des souverains. 169

Le clergé considéré comme se trouvant perpétuellement dans une fausse position, entre l'autorité du pape et l'autorité du souverain légitime. 170

Citations tirées de *Saint-Mathieu* et de *Saint-Luc*, à l'appui de cette assertion. . . . . . . *Ib.*

Réflexions sur l'obéissance que les prêtres accorderont toujours de préférence aux souverains pontifes............................ Page 171

Les vérités que l'auteur a proclamées, seront accusées par le jésuitisme d'avoir une tendance séditieuse et irréligieuse............. *Ib.*

Du respect qu'inspirent les bons prêtres qui pratiquent la charité................. 172

Protestation contre les attaques et les accusations de *M. de Sénancourt*........... *Ib.*

Éloge des magistrats français.......... *Ib.*

CHAPITRE X. DE LA PROTECTION DUE AUX COMÉDIENS, PAR LE MINISTÈRE PUBLIC, CONTRE LES ENTREPRISES DU FANATISME............. 174

Affranchissement des Comédiens du troisième âge, de toute excommunication de l'Église.... *ib.*

Délit de la part des prêtres, d'exiger des acteurs, l'abjuration de leur profession de comédien................................... 175

L'outrage fait à la personne et à la profession de comédien, rejaillit sur l'autorité du souverain. *ib.*

Du respect et de la vénération, qui sont dus, envers la religion et envers les ministres du culte. 176

De la conduite que les employés du gouvernement, doivent tenir, à l'égard des prêtres fanatiques............................... *ib.*

De l'obligation, imposée à *MM. les procureurs*

du roi, de dénoncer aux tribunaux, les délits des prêtres fanatiques............ Page 177

MM. les procureurs du roi, se rendraient coupables de souffrir une usurpation, contre l'autorité légitime du prince............ 178

Le refus des prêtres, de recevoir à l'Église le cadavre des comédiens décédés, est plus outrageant pour le prince et pour les lois, que pour les comédiens eux-mêmes............ *ib.*

Réflexions politiques sur les refus de sépulture............ 179

Les actes de fanatisme des prêtres, tendent à exciter l'anarchie et le mépris contre le souverain............ 180

La religion est dans l'État, et non l'État dans la religion............ 181

Article VI de la *Charte,* concernant la religion de l'État............ *ib.*

Le Clergé institué dans l'État, par l'autorité séculière doit y être soumis, et non la censurer et la *guerroyer,* à la manière du *jésuite* GUIGNARD, régicide, pendu et brûlé en place de Grève............ 182

Anathêmes de l'intolérance religieuse, contre la *Charte de Louis XVIII*............ *ib.*

Trait de fanatisme d'un curé de Blois, contre la *Charte de Louis XVIII*, et contre *Charles X,* à l'occasion du sacre de ce dernier............ 183

De l'indifférence du clergé français, à réparer

l'outrage fait à *Louis XVIII*, et à son successeur *Charles X*, par le curé de Blois. . . . . . . Page 183

La sortie virulente de ce scélérat, curé ou desservant de Blois, rappelle les temps affreux de la ligue, d'horrible mémoire, époque à laquelle les jésuites proscrivaient les Bourbons, et appelaient l'étranger en France. 184

Avant, et depuis l'époque de la ligue, et aujourd'hui encore, en Espagne et en Portugal, il n'est aucune conspiration régicide dans laquelle les jésuites n'aient figuré, comme conspirateurs ou complices. 185

CHAPITRE XI. DE L'EXCOMMUNICATION CONSIDÉRÉE COMME INJUSTE, ET PAR CONSÉQUENT NULLE, DE LA PART DES PRÊTRES, QUI ANATHÉMATISENT LES COMÉDIENS, MORTS SANS LES SECOURS SPIRITUELS DE L'ÉGLISE. 186

Du refus de sépulture fait aux comédiens, considéré comme un délit, sous le rapport des lois ecclésiastiques, qui veulent que l'excommunication soit appliquée aux *excommuniés dénoncés dans les formes*. 187

Exception en faveur de l'anathême dit *excommunication du canon*. 188

Les comédiens affranchis de l'*excommunication du canon*. 189

Le fanatisme des prêtres dans leur refus de sépulture aux comédiens, considéré comme un délit sous le rapport de la charité chrétienne. Page 189

Les prêtres fanatiques semblent ignorer, qu'une seule pensée vers Dieu de l'âme du pécheur, à l'article de la mort, peut opérer le salut. 190

Réflexions au sujet du repentir des pécheurs à l'article de la mort. . . . . *Ib.*

Le clergé de France est d'autant moins fondé à frapper d'anathème les comédiens, que ce sont les prêtres qui ont créé les comédiens du troisième âge et qui ont joué eux-mêmes la comédie. 191

Théâtres institués à Rome, en Italie et en France par des papes et des cardinaux. 192

Un *abbé* directeur de l'Opéra, à Paris. . . . *Ib.*

Des capucins, des cordeliers et des Augustins demandent l'aumône par *placet* aux comédiens en France, et font des prières pour la prospérité des théâtres. . . . . *Ib.*

Contraste frappant entre les prêtres qui prient Dieu pour la prospérité du théâtre, reçoivent les aumônes des comédiens, leur laissent rendre le pain béni, les enterrent dans les églises et les cimetières, et entre les prêtres fanatiques qui les anathématisent et leur refusent la sépulture. . 193

L'ambition et la soif des richesses est la source du fanatisme des prêtres. 194

Les principes anarchiques du fanatisme religieux qui désolent aujourd'hui l'Espagne, font tous leurs efforts pour tout envahir, et déjà ils entretiennent leurs avant-postes à *Mont-Rouge*, à *Saint-Acheul*, etc., etc., pour subjuguer la France. . . . . Page 195.

Critique d'un livre intitulé, *des Crimes de la presse*, dédié à la *Sainte-Alliance*. . . . . *Ib.*

L'auteur anonyme de ce livre honteux cache son nom pour se dérober à l'infamie dont cette espèce *de manifeste de Mont-Rouge* sera à jamais flétrie. 196

Les jésuites, poussés à bout, ont recours à des mesures inquisitoriales en persécutant les imprimeurs et les libraires. 197

L'auteur du livre *des Crimes de la presse*, propose, contre les écrivains, un conseil inquisitorial, fondé sur l'injustice la plus tyrannique. . . 198

Les jacobinières de *Mont-Rouge*, de *Saint-Acheul*, etc., etc., font tous leurs efforts pour replonger le peuple dans l'ignorance et la barbarie. 199

Attaque virulente de l'auteur *des Crimes de la presse* contre M. *Royer-Collard*, membre de la Chambre des députés. . . . . *Ib.*

Comparaison entre l'auteur du livre *des Crimes de la presse* et les *Pigmées*, qui ne savaient faire la guerre qu'à des grues. 200

L'auteur *Pigmée* du livre *des Crimes de la presse* ose attaquer un *Hercule*. . . . . *Ib.*

Toute la dialectique de cet auteur Pigmée se renferme dans un cercle vicieux, en soutenant que telle vérité n'est vraie que parce qu'elle est vraie. . . . . Page 200

Réflexions sur les *vérités légales* en matière de religion. 201

Les *vérités légales* en matière de religion devenant lois d'État, condamnent à mort quiconque ose nier de pareilles vérités. . . . . *Ib.*

L'auteur du livre *des Crimes de la presse* professe les affreux principes de l'horrible inquisition. 202

A l'exemple de la *révocation de l'édit de Nantes*, le jésuitisme voudrait obtenir la *révocation de la charte*. . . . . *Ib.*

La France menacée de nouvelles dragonades, justifiées par des lois d'État, afin de convertir les protestans, les juifs et tous les mécréans à coups de sabre. *Ib.*

De pareilles craintes ne sont point puériles et imaginaires, témoin la triste situation de nos voisins au-delà des *Pyrénées*. 203

Le ministère français, impuissant pour rétablir le bon ordre en Espagne, n'est point complice des jésuites. *Ib.*

Le fanatique auteur du livre *des Crimes de la presse* affaiblit les preuves de la religion, s'il était possible, par une *pétition de principe*. 204

L'auteur du livre *des Crimes de la presse* paraît ignorer ce que c'est qu'une *pétition de principe*. *Ib.*

Définition d'une *pétition de principe*. 205

L'auteur du livre *des Crimes de la presse*, à l'exemple de la secte jésuitique, se moque également de la religion, comme de l'art de raisonner. . . . . Page 206

Principes de la secte ultramontaine, qui considère que la religion chrétienne doit être maintenue par la force et la terreur. . . . . *Ib.*

Des calomnies présumées de la part de l'auteur du livre *des Crimes de la presse*. . . . . *Ib.*

Calomnies et citations du livre *des Crimes de la presse* contre M. Royer-Collard, membre de la Chambre des députés. 207

Injures lancées contre l'auteur du livre *des Crimes de la presse*, considéré comme un jésuite *hydrophobe* et *lycantrope*. 208

Caractères de l'hydrophobie. 209

M. L'ABBÉ DE LA MENNAIS mordu par l'auteur hydrophobe du livre *des Crimes de la presse*. . . *Ib.*

M. l'abbé de la Mennais convient du mérite incontestable et de la rare habileté de raisonnement de M. ROYER-COLLARD. 210

Il était inutile d'inoculer l'hydrophobie à *M. l'abbé de la Mennais*. . . . . *Ib.*

Le livre *des Crimes de la presse* considéré comme l'avant-coureur de l'anéantissement de la liberté de la presse. . . . . *Ib.*

Le ministère public doit dénoncer des réalités criminelles plutôt que de poursuivre des tendances idéales. 211

Les ministres d'état et le ministère public auraient dû s'opposer au refus scandaleux du clergé d'assister aux obsèques de S. M. Louis XVIII. Page 211

Le clergé aurait dû donner l'exemple de prêtres chrétiens pratiquant l'humilité évangélique en suivant le convoi royal, sans montrer de rancune contre la charte et contre son auteur. . . . *Ib.*

CHAPITRE XII. Réflexions sur les évêques et les prêtres de la primitive église, suivies de réponses aux reproches de *M. de Sénancourt* sur le même sujet.. 212

M. de Sénancourt blâme la surveillance contre les mauvais prêtres. . . . . *Ib.*

Origine de l'usurpation de la puissance ecclésiastique sur la puissance séculière. 213

La puissance temporelle du pape ne doit pas s'étendre au-delà de ses États. 214

Jésus-Christ a dit : *Mon royaume n'est pas de ce monde*. . . . . *Ib.*

Prétentions des prêtres de vouloir juger les rois, non seulement au tribunal de la pénitence, mais encore par-devant les conciles. . . . . . *Ib.*

Prétentions erronées des prêtres au sacre des rois. 215

Conséquences funestes de cette prétention. . *Ib.*

Crimes des prêtres pour soutenir leurs prétentions. 216

Noms des saints conciles cités dans le livre
des *Comédiens et du Clergé*. . . . . .Page 217

M. de Sénancourt reproche à l'auteur d'avoir
cité les conciles où il est dit que « c'est par la foi
» que l'évêque soutiendra son rang. — Il doit
» avoir son petit logis. — Sa table sera pauvre et
» ses meubles de vil prix». . . . . *Ib.*

M. de Sénancourt regarde comme une *bassesse
d'expression* d'insinuer qu'un évêque, dînant avec
des pauvres, serait tout aussi respecté qu'à la table d'un ministre. . . . . *Ib.*

Grande colère et indignation de M. de Sénancourt. Il semble ignorer qu'il y ait eu autrefois
des prélats pratiquant la pauvreté et la simplicité
évangélique. 218

Si le premier pape *saint Pierre* revenait sur
terre avec les dehors de la pauvreté, il serait à
craindre qu'il ne fût méconnu par *M. de Sénancourt*. . . . . *Ib*

M. de Sénancourt n'est point soupçonné d'être
un écrivain vénal. 219

Notice sur un autre *M. de Sénancourt*, dont il
est fait mention dans la biographie de M. Michaud, en 1819. . . . . *Ib.*

M. de Sénancourt n'a point saisi le vrai but de
l'ouvrage intitulé *des Comédiens et du Clergé*. . 220

M. de Sénancourt divulgue lui-même, pour son
propre compte, les farces religieuses et les processions licencieuses. 221

Mariage mystique entre une dévote et Jésus-Christ. . . . . .Page 221

M. *de Sénancourt* a attaqué l'auteur pour plaire aux Pères de la foi. 222

CHAPITRE XIII ET DERNIER. DE L'UTILITÉ DE L'ART THÉATRAL, ET DES DANGERS ATTACHÉS A LA PROFESSION DE COMÉDIEN, SOUS LE RAPPORT DES MOEURS. 223

L'utilité de l'art théâtral et les dangers de la profession de comédien, sont étrangers à la question que l'auteur s'est proposé de traiter. . . . *Ib.*

Mesures du gouvernement au sujet des dangers de la profession de comédien. 224

C'est aux prêtres à redoubler de zèle pour exhorter les comédiens à éviter les périls dont ils sont environnés. 225

Sentimens du *père Bouhours*, jésuite, sur la comédie. *Ib.*

Idem, de M. Boursault. . . . . *Ib.*

Idem, du *père Nicole*. . . . . *Ib.*

Saint Augustin allait à la comédie. . . . . *Ib.*

Des avantages et de l'utilité de la comédie. . . 226

Les mauvais prêtres sont les détracteurs de Molière, auteur du *Tartufe*. . . . . *Ib.*

Eloge du talent des acteurs. 227

Eloge du talent des musiciens et des danseurs. *Ib.*

La belle *Aspasie* enseigne la danse à *Socrate*. *Ib.*

Le *roi David* dansa devant l'arche. . . . . . *Ib.*

Le grand *Talma*, les *Mars*, les *Duchesnois*, les *Bourgoin*, et tant d'autres célèbres acteurs et actrices, illustrent notre siècle par leurs rares talens. . . . . Page 228

Tout mortel qui excelle dans un art aussi difficile que celui du théâtre, est appelé à jouir de la célébrité. . . . . *Ib.*

FIN DE LA TABLE DES MATIÈRES.

ERRATA.

Page 13, ligne 13, Bellard ; *lisez*: Bellart.
—— 21, —— 1, prévaricateur; *lisez* : prévaricateurs.
—— 37, —— 10, dont ils se; *lisez*: les prêtres s'en.
—— 40, —— 13, et avec; *lisez* : avec.
—— 40, —— 16, les; *lisez* : et les.
—— 42, —— 22, auxquels ; *lisez* : et auxquels.
—— 48, —— 19, les grades ; *lisez* : leurs grades hiérarchique
—— 62, —— 17, restent ; *lisez* : restassent.
—— 62, —— 19, accusent ; *lisez* : accuseraient.
—— 80, —— 22, le germe de la ; *lisez* : un germe.
—— 82, —— 15, des ; *lisez* : les.
—— 94, —— 12, des ; *lisez* : de.
—— 104, —— 1, sont ; *lisez* : furent.
—— 108, —— 24, *effacez* et.
—— 110, —— 2, certains ; *lisez* : certaines.
—— 144, —— 6, qui ; *lisez* : qu'il.
—— 212, —— 1, Chapitre II ; *lisez*: Chapitre XII.
—— 219, —— 24, biograph ; *lisez*: Biographie.

www.ingramcontent.com/pod-product-compliance
Lightning Source LLC
Chambersburg PA
CBHW052245220526
45471CB00001B/200